Autun antique

Les auteurs

Yannick Labaune : la nature du site d'implantation (entre carrefour et confluence), la recherche archéologique autunoise récente (XXe siècle à nos jours), les occupations antérieures à l'Antiquité, la mise en place de l'urbanisme et les premières occupations, la trame viaire, le monument de la place de Charmasse, le quartier des spectacles, les grandes maisons urbaines, les généralités sur les quartiers artisanaux, le quartier de La Genetoye, les nécropoles du Haut-Empire, les décharges périurbaines, le monument interprété comme les Écoles méniennes, le glossaire et l'itinéraire antique.

Antony Hostein : l'introduction, les textes concernant le cadre historique, l'hellénisme chez les Éduens, la crise du IIIe siècle, la restauration tétrarchico-constantinienne et la fin de la ville antique.

Béatrice Cauuet : l'encadré concernant l'exploitation de l'étain en périphérie d'Autun durant l'Antiquité.

Vivien Barrière : la recherche archéologique autunoise ancienne (jusqu'au XIXe siècle) et les recherches récentes concernant les portes monumentales.

Laetitia Borau : la gestion de l'eau privée et publique.

Stéphane Alix : la fouille du faubourg d'Arroux (occupation urbaine à l'époque augusto-tibérienne, habitat modeste, ateliers artisanaux).

Michel Kaspryzk : le forum, le sanctuaire de la déesse Bibracte, le sanctuaire d'Anvallos, le paysage religieux, les vestiges monumentaux de Marchaux (forum, ensemble thermal), la présence militaire à Autun vers 270 et les nécropoles de l'Antiquité tardive.

Antoine Louis : le temple d'Apollon retrouvé et les diverses restitutions proposées.

Stéphane Venault : la fouille de la nécropole de Pont-l'Évêque.

Pierre Nouvel : les campagnes et domaines périurbains.

Sylvie Balcon-Berry : la nécropole de Saint-Pierre-l'Estrier.

Brigitte Maurice-Chabard : le musée Rolin et le musée lapidaire Saint-Nicolas.

Remerciements

Nous remercions Angélique Tisserand et Morgan Loire (service archéologique d'Autun), Anne Pasquet et Irène Verpiot (service d'animation du patrimoine d'Autun), Amanda Evrard et Justine Ultsch (ville d'Autun), André Strasberg (Société Éduenne), Vincent Guichard, Antoine Maillier et Éloïse Vial (Bibracte EPCC), Albéric Olivier, ainsi que les membres du Programme collectif de recherches d'Autun-La Genetoye, et en particulier Philippe Barral, Gilles Bossuet, Filipe Ferreira, Martine Joly, Clément Laplaige, Pierre Nouvel et Matthieu Thivet.

Yannick Labaune

Autun antique

guides archéologiques de la France

ÉDITIONS DU PATRIMOINE
CENTRE DES MONUMENTS NATIONAUX

Le ministère de la Culture et de la Communication (Direction générale des Patrimoines, sous-direction de l'Archéologie) assure la direction scientifique de la collection.
Directrice de collection : Nicole Alix

Centre des monuments nationaux
Président :
Philippe Bélaval
Directrice générale :
Bénédicte Lefeuvre

Éditions du patrimoine
Directeur des éditions :
Jocelyn Bouraly
Responsable des éditions :
Catherine Donzel
Responsable de la fabrication :
Carine Merse
Maquette :
Régis Dutreuil
Infographie :
Marc Brugier et Sylvie Lelandais

Coordination éditoriale et iconographique :
Pauline de Ayala
Correction :
Anne-Claire Juramie

Photogravure :
Jouve Orléans, Saran
Impression :
IME, Baume-les-Dames, France
Dépôt légal, décembre 2014

© Éditions du patrimoine,
Centre des monuments nationaux,
Paris, décembre 2014
ISBN : 978-2-7577-0331-1
ISSN : 0758-962X

Crédits photographiques

Les cartes et plans ont été conçus par le service archéologique de la Ville d'Autun. Les archives de la Société Éduenne (planches, relevés) ont été numérisées dans le cadre du PCR Autun-La Genetoye, sous la direction de J.-P. Guillaumet.
H : haut ; b : bas ; d : droite ; m : milieu ; g : gauche

Alix (S.), Inrap : p. 56h, 78h, 117. ArchéoPictor/Antoine Louis : p. 45b, 46, 52, 57, 60, 62, 64, 74, 77, 112, 116. Archives de la Société Éduenne : p. 8, 11, 16, 24h, 26b, 47h, 55, 65, 67, 71, 73hg, 75, 81, 90, 91, 98bd, 101b, 102b, 105h. Archives du service archéologique de la Ville d'Autun : p. 20. Baudin (A.), Ville d'Autun : p. 21hd. Béguin (A.) : p. 110. Berry (W.) : p. 121d. Bertin-Guillaumet (D.) : p. 38, 47b, 48. Bibracte EPCC : p. 30h. Bibracte/Université de Budapest, Lőrinc Timár : p. 29. Blanchard-Lemée (M.) et Blanchard (A.) : p. 82. Borau (L.) : p. 56b. Bossuet (G.) et Laplaige (C.) : p. 97h. Captair : p. 98h. Cargouët (L. de), Inrap : p. 86h, 100h, 100b. Cauuet (B.) : p. 15b. Chagny (B.-N.), Bibracte EPCC : p. 42. Chardron-Picault (P.), service archéologique de la Ville d'Autun : p. 19. Charleux (G.) : p. 21bd. Delangle (P.) et Nunes Pedroso (R.) : p. 129h. Delor-Ahü (A.), Inrap : p. 98bg. Gaston (C.), Inrap : p. 103d. Goguey (R.) : p. 24b, 93. Hostein (A.) : p. 63m. Inrap : p. 58h, 58b, 78b, 79h, 79b, 86h, 87, 88hg, 88b. Kasprzyk (M.) : p. 63b. Kasprzyk (M.) et Labaune (Y.) : p. 80b (d'après A. Olivier et A. Rebourg). Kasprzyk (M.) et Nouvel (P.) : p. 12. Labaune (Y.) : 4ᵉ de couverture haut, p. 7, 21g, 32mg, 45hg, 45hd, 49, 50, 53, 59, 68b, 70, 73hd, 73bg, 73bd (infographie A. Tisserand), 85b (d'après les clichés d'A. Maillier et S. Prost), 92, 95g, 95d, 96, 99, 101h, 102h, 105b, 115, 118, 119h, 119b, 120g, 120d. Lefèvre (J.-F.), d'après de J. Boislève et C. Allonsius : p. 129b. Loire (M.) : p. 26hg. Loose (H. N.) : p. 35, 127b, 128bm, 128bd, 132bg, 132bd. Maillier (A.), Bibracte EPCC : 1ʳᵉ de couverture bas, p. 22, 30b, 31hg, 31m, 31hd, 32mg, 94h, 94b, 97b. Maison des Sciences de l'Homme, Université de Bourgogne : p. 15 bd. Maurice-Chabard (B.) : p. 28, 36, 54, 107, 108, 113, 124. Olivier (A.) : p. 128bg. Pasquet (A.) : p. 14, 114. Prost (S.) : 1ʳᵉ de couverture haut et dos, p. 17, 66, 68h, 80h, 83, 84, 88hd, 106, 123, 131g, 131mg, 131mb, 131bd, 132h, 133. Service animation du patrimoine de la Ville d'Autun : 4ᵉ de couverture bas, p. 44, 76. Service communication de la Ville d'Autun : p. 1, 13, 32bg, 37md. Silvino (T.), Archeodunum : p. 85h. Tamas (C.) : p. 15h. Thioc (C.), Musée gallo-romain de Lyon : p. 37b. Tisserand (A.) : p. 18. Varlez : p. 34, 61, 131d. Venault (S.), Inrap : p. 103g. Veysseyre (P.) : p. 130.

Augustodunum :
l'éclat d'une ville gréco-romaine   6

Le site d'Autun,
entre carrefour et confluence   9

La recherche archéologique   17

Histoire de la ville   23

La ville du Haut-Empire, présentation
des vestiges et des monuments   39

Les espaces hors les murs / *suburbium*   91

La ville de l'Antiquité tardive
vers le haut Moyen Âge : entre crises,
restauration et refondation (IIIe-Ve siècle)   109

Les musées d'Autun   125

Chronologie   134

Bibliographie   136

Glossaire   139

Informations pratiques   143

Augustodunum : l'éclat d'une ville gréco-romaine

Autun, antique *Augustodunum*, littéralement « ville d'Auguste », ne fut pas une ville gallo-romaine comme les autres. Contrairement aux idées reçues, chaque ville ne formait pas une réplique uniforme de Rome, dotée de monuments récurrents – forum, temples, amphithéâtres, conçus comme autant de signes indifférenciés d'appartenance à la civilisation gréco-romaine. L'urbanisme d'Autun fut exceptionnel par la superficie de la ville, sa taille et la qualité de ses monuments publics. Ce prestige, la ville en fut auréolée dès sa fondation en tant que chef-lieu d'un peuple gaulois, les Éduens*, qualifiés dès les années 150 av. J.-C. de frères du peuple romain (*fratres populi romani*) en raison d'un traité diplomatique passé avec le Sénat. Cette alliance indéfectible et précoce ouvrit aux Éduens une nouvelle période de leur histoire, aux côtés de ceux qui devinrent en deux siècles les maîtres du monde méditerranéen. La guerre des Gaules fut précipitée par l'appel à l'aide des Éduens à César, et c'est à Bibracte, à l'hiver 52-51 av. J.-C., que ce dernier écrivit les premières lignes de ses fameux *Commentaires sur la guerre des Gaules*. Quelques décennies plus tard, Octave, l'héritier de César devenu Auguste en 27 av. J.-C., inaugure une nouvelle ère dans l'histoire des Éduens en créant une capitale à son nom, *Augustodunum*. La parure monumentale de marbre de la nouvelle ville avait dès lors vocation à témoigner de l'intégration des Éduens dans la culture gréco-romaine et à inscrire dans la pierre la dignité des « frères des Romains ».

Pour le promeneur du XXIe siècle, ces vestiges du passé, disparus pour l'essentiel à quelques exceptions près (les portes, le théâtre, le temple « de Janus »), peuvent sembler bien fugaces. Et il faut posséder un œil exercé ou faire preuve d'une grande puissance

* Les mots suivis d'un astérisque sont expliqués dans le glossaire p. 139.

La porte d'Arroux vue depuis le quartier de La Genetoye.

d'imagination pour les déceler dans le paysage actuel. Pourtant, le sol de la ville, malgré les recherches engagées depuis le XIXe siècle, a encore des trésors à livrer. Ce livre s'attache à restituer ce passé en montrant comment, en quelques décennies, notre connaissance de l'antique *Augustodunum* a été radicalement renouvelée grâce aux progrès de l'archéologie.

CIA

Burginatio v · Colō Traiana xl · veterībus · xiii · AseBurgia xiiii · Ronesio xiii · agripp

Blariaco xii · Calvanum xiii · Atuaca · xvi corionilo xii · Iuliaco xviii · Nerica vi

feresne xvi · Mosa viii · Moduano · Emdesina xvi

axenne xx · Durocortoro Romomagus xxv · Basio · ad fines v

G · xix · Tangnia xxv · xiii · Noviomagus xii · Tullio x

BRO · Carobilum xxi

aug bona xviii · eburobriga · Sessera xxi · varcia vi

Andemantunno xi · Segobodiū xviii

xxviii

Autessio Duro xxv · filena xix · vidubia x · cabillione · Ponte · Dubris xviii Crūsinie x

Aquis Nisincy · aballo xvi · Bitu

xii · Sidoloco xxi · Tenureio xii

Boxum · augDunū · Mausconę xiiii

viii · ludnam xvi

Sidlia xiiii · Pocrinio xii · Telonno xii · lugduno caput Galliaȝ usq̢ hic legas

olica xii · Roidomna xxii · foro Segusiavaro · Bo

Mediolano viii · xvi · Vigenna

aquis Segete · Avennione xv · Dru

mago xvii · viii · vi Ernagina xv · ad fines

anicia · A · arelato · viii · xxxii · Clano xii · Gialline xi · GR

Nemuso xv · Ugerno viii · fossis Marianis · xxxii · Calcaria Masilia Gr

Le site d'Autun, entre carrefour et confluence

Lors de la réorganisation administrative des Gaules qui suit la conquête, la capitale gauloise des Éduens, Bibracte, est transférée vers une zone en vallée, plus facile d'accès. Le site choisi pour implanter la nouvelle capitale de cité*, *Augustodunum*, est un plateau losangique délimité par des failles, orienté plein nord et fortement incliné du sud-ouest vers le nord-est, une situation *a priori* assez défavorable. Il est certain qu'un ensemble d'autres motivations d'ordre économique, politique ou religieux a présidé à ce choix.

D'un point de vue géologique, il se situe sur le rebord méridional du bassin permien* d'Autun, en rive gauche de l'Arroux, au niveau de sa confluence avec le Ternin, dans un cadre hydrographique particulier. Ce secteur constitue en effet le point central de la dépression d'Autun, espace de contact entre le massif morvandiau et l'arrière-côte. Drainé par une vallée permettant de relier le Val de Loire au sud et la dépression de l'Auxois au nord, il apparaît comme une zone de contact privilégiée au cœur de l'interfluve* Loire-Saône-Seine.

Ce carrefour de voies naturelles se trouve également sur le tracé de la voie reliant à la fin de la période gauloise l'oppidum* voisin de Bibracte au principal port fluvial de la Saône à Chalon (*Cabillonum*), axe économique important des Éduens.

Après la conquête, celui-ci a été partiellement remplacé par la voie dite d'Agrippa* menant de Lyon à Boulogne-sur-Mer (*via* Chalon-sur-Saône, Autun, Auxerre, Sens et Beauvais) dans le cadre de la mise en place, sous le règne de l'empereur Auguste, d'un réseau routier qui a eu pour centre la colonie nouvellement créée de Lyon (*Lugdunum*). Le schéma urbain de la nouvelle agglomération s'appuie fortement sur le tracé de cette voie récente. Bornée par les portes d'Arroux et de Rome, elle forme le *cardo** principal de la nouvelle agglomération et constitue en quelque sorte son « épine dorsale ». Quand on prend du recul, le tracé général de la voie d'Agrippa paraît effectuer un détour pour passer spécifiquement à l'emplacement du site qui sera

La région de Bibracte et d'*Augustodunum* sur la Table de Peutinger. Cette carte, réalisée durant l'Antiquité tardive (ici, une copie médiévale), représente les villes et les itinéraires de l'Empire romain. La ville est signalée par un cercle blanc. Album Roidot-Deléage, vol. I, pl. 13, plume et aquarelle.

Exploitation du granite à Couhard au cours du XIXe siècle.

Réseau des voies attribué au général romain Agrippa.

choisi pour y implanter *Augustodunum*. Les bâtisseurs ont-ils voulu par ce biais relier une ancienne agglomération laténienne*, comme dans le cas de Chalon et de Sens ? Si cela est avéré, elle ne se situerait pas dans les limites de l'enceinte antique car les nombreuses fouilles urbaines réalisées à ce jour, mis à part quelques paléosols de l'âge du bronze, n'ont pas montré la présence de vestiges structurés antérieurs à l'époque augustéenne. En revanche, une telle agglomération aurait pu se développer sur la rive opposée de l'Arroux, à la confluence avec le Ternin. Simples conjectures pour l'instant, mais les premiers indices d'une occupation antérieure à la fondation d'*Augustodunum* découverts en 2013 lors d'une campagne de fouilles programmées sur le sanctuaire de La Genetoye (fin de la période laténienne) sont à cet égard particulièrement stimulants. Gageons que les campagnes futures permettront de mieux caractériser cette occupation et de verser de nouvelles pièces au dossier traitant du transfert de Bibracte à Autun.

Par ailleurs, la présence dans le secteur d'importantes ressources naturelles a certainement pesé dans le choix du site à l'époque romaine. Les multiples gisements, sur place ou dans les environs immédiats, ont fourni commodément les matériaux de construction pour les monuments et maisons d'Autun. Il s'agit tout d'abord du granite à deux micas exploité au hameau de Couhard, au sud-est

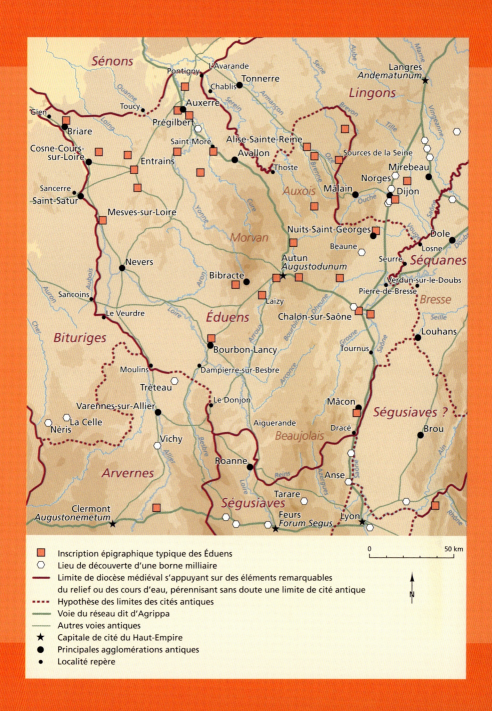

du site, qui a permis de confectionner des moellons (un front de taille de 20 m de haut se développant sur une cinquantaine de mètres est encore visible dans le paysage), mais aussi d'extraire les dalles qui ont servi à la réfection du *cardo* principal durant l'Antiquité tardive. On peut citer également les arkoses* du Trias* ou les grès fin du Rhétien* issus du plateau d'Antully au sud-est, respectivement utilisés pour la confection de blocs en grand appareil et de moellons de petit appareil.

Il est désormais possible de mentionner l'exploitation intensive de la cassitérite, dont les traces ont été très récemment mises en évidence sur des centaines d'hectares sur les versants dominant le site depuis l'est jusqu'au sud-ouest, à quelques kilomètres des remparts de la cité. Ce minerai d'étain, relativement rare, entre pourtant dans la composition des alliages à base de cuivre (bronzes, laitons) largement utilisés durant l'Antiquité, en particulier dans les ateliers de Bibracte puis d'Autun, pour confectionner de nombreux

Le territoire éduen à la fin du Haut-Empire (IIe-IIIe siècle).

Vue aérienne d'Autun. À l'arrière-plan, à gauche, on aperçoit les reliefs d'où étaient extraits les minerais.

Vue de la confluence entre l'Arroux et le Ternin.

produits manufacturés. L'extraction à l'époque antique est avérée par l'archéologie. Toutefois, il est probable que l'exploitation du gisement a été amorcée bien plus tôt (peut-être dès l'âge du bronze ou au cours de la période laténienne), ce que les recherches actuelles tendent à préciser.

Le choix du site pourrait-il enfin être lié à des aspects plus symboliques et sémiologiques ? Certainement, mais il est difficile de le prouver. Nous constatons, comme nos prédécesseurs, que certains points de vue (par exemple depuis la pointe méridionale de la ville) permettent d'englober d'un même regard l'ancienne et la nouvelle capitale. De plus, la ville antique, cernée d'un rempart percé de portes monumentales et étagée sur une éminence, offrait au visiteur depuis la vallée une image urbaine très marquée se détachant nettement du paysage et de la campagne environnante.

Une zone d'exploitation de l'étain à l'époque antique

Sur les pentes sud et est d'Autun, on a pu, depuis 2004, mettre en évidence de nombreux travaux miniers à ciel ouvert. Le Bureau de recherches géologiques et minières y signale une forte anomalie à cassitérite (oxyde d'étain) au sein d'alluvions et d'arènes granitiques. Ce complexe de travaux de 300 ha exploitait par la force hydraulique des dépôts secondaires stannifères. On retrouve un réseau hydraulique fossile (des canaux et quelques bassins) en amont de chantiers creusés en forme de ravins et de cirques. L'eau captée venait des étangs du domaine de Montjeu. Cette technique minière décrite par Pline l'Ancien pour exploiter l'or alluvial permettait de désagréger et de creuser le matériau grâce à un courant d'eau qui le débourbait, tout en classant et concentrant les grains et les sables de cassitérite à forte densité (6,99 g/cm³). Transportés à la base du flux, ils étaient déposés dans un chenal (sluice) muni de pièges (lit de végétaux pubescents) à l'aval des chantiers d'abattage. En 2005, à La Châtaigneraie, la fouille de deux canaux d'alimentation d'un chantier-ravin (100 x 20 m, pour 4 m de profondeur) a livré des céramiques romaines. À l'heure actuelle, les travaux d'inventaire et de relevé des vestiges sont menés grâce à l'analyse du modèle numérique de terrain généré en 2013 par l'acquisition d'un relevé Lidar de 60 km² centré sur Autun.

Un canal d'adduction d'eau aux stannières d'Autun.

Orthophotographie Lidar montrant l'enchevêtrement des canaux d'alimentation en eau d'une partie du district minier d'Autun (secteur de La Feuillie, à l'est d'Autun).

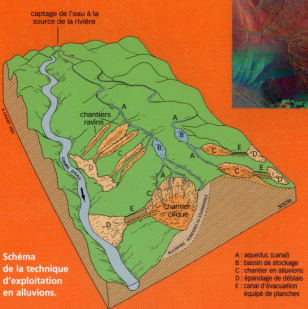

Schéma de la technique d'exploitation en alluvions.

A : aqueduc (canal)
B : bassin de stockage
C : chantier en alluvions
D : épandage de déblais
E : canal d'évacuation équipé de planches

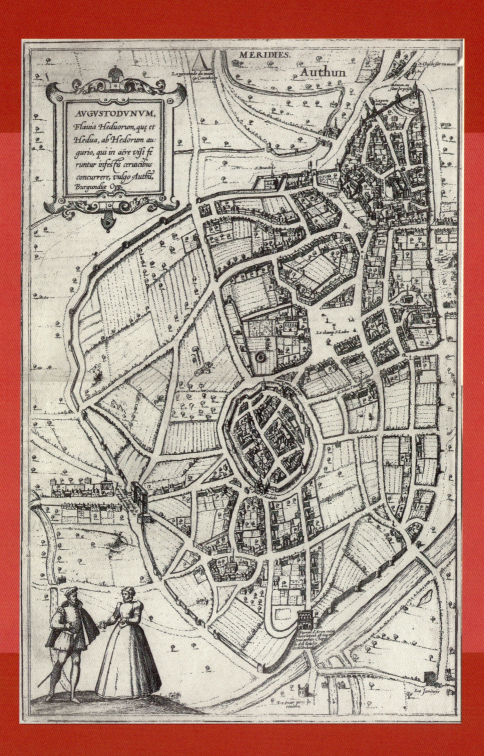

La recherche archéologique

Les pionniers de l'archéologie autunoise

L'intérêt pour le passé d'Autun remonte au moins à Barthélémy de Chasseneuz qui, en 1521, avait guidé le roi François Ier au pied des édifices romains. Mais le *Catalogus gloriae mundi* qu'il rédigea reste très historique. Il faut attendre les années 1590 pour qu'un savant passionné d'Antiquité, probablement le médecin Jacques Léauté, décrive pour la première fois de manière méthodique les vestiges conservés. C'est le premier d'une longue liste d'érudits, de curieux, de dessinateurs et de collectionneurs qui se sont intéressés à Autun : les Jeannin, les Guijon, Étienne Ladone, Edme Thomas, Bénigne Germain, Louis Thomassin, Isaac-Mathieu Crommelin, Claude Courtépée ou encore Joseph Rosny. Dans un contexte où les vestiges antiques sont utilisés comme carrière de matériaux, le témoignage de ces « antiquaires » n'a pas de prix.

Plan inspiré de celui de Belleforest, publié par Braun et Hogenberg en 1581 dans *Civitates orbis terrarum*, t. 3. Il s'agit de l'une des plus anciennes représentations d'Autun.

L'effervescence des sociétés savantes

Au XIXe siècle, Autun a donné naissance à trois sociétés savantes successives : la première est l'éphémère Société libre d'agriculture, sciences et arts d'Autun (1801-1808), puis, à compter de 1820, la Commission des antiquités d'Autun, à laquelle succède en 1836 la Société Éduenne des lettres, sciences et arts. Elle connaît son apogée dans la seconde moitié du XIXe siècle, sous la présidence de Jacques-Gabriel Bulliot, au moment où les Autunois prennent conscience de la nécessité de protéger leur patrimoine : c'est à cette époque que Jean Roidot-Deléage relève l'essentiel des vestiges antiques et dresse le premier plan archéologique fiable d'Autun, et qu'Harold de Fontenay publie *Autun et ses monuments* (1889), une somme archéologique qui s'est imposée comme un ouvrage de référence jusqu'aux années 1980.

Portrait de Jacques-Gabriel Bulliot à la fin de sa vie, par Jean-Baptiste Duffaut (1853-1927). Musée Rolin.

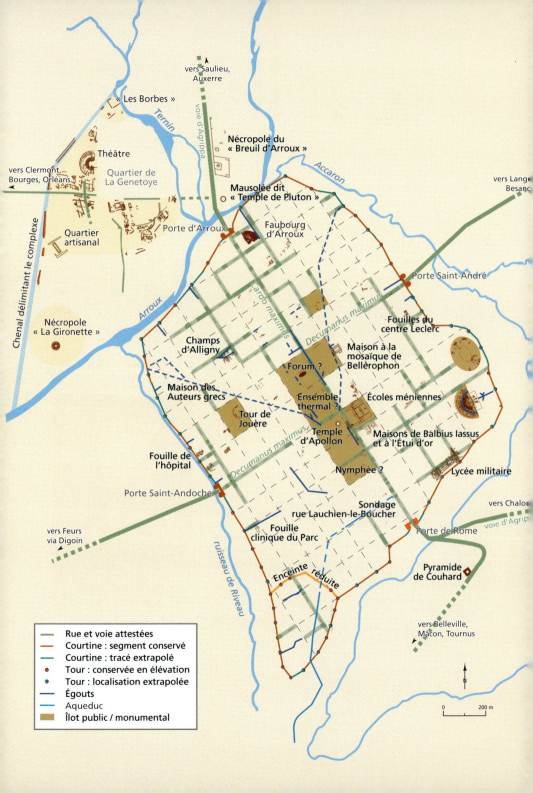

De l'indifférence générale aux premières opérations de sauvetage

La première moitié du XXe siècle fait triste figure à côté de l'intense activité du siècle précédent. L'observation et le relevé des vestiges mis au jour sont alors faits par deux membres seulement de la Société Éduenne : Charles Boëll (1877-1940), avant la Seconde Guerre mondiale, et l'abbé Jean Berthollet, dans les premières années de l'après-guerre. Toutes ces données ne sont qu'en partie publiées.

La mise en place de la législation archéologique et l'organisation administrative de l'après-guerre n'ont eu d'abord aucune influence sur la recherche archéologique à Autun. Ainsi, dans les années 1960, les grands programmes de construction de HLM (Saint-Jean-République, Saint-Andoche et la Croix-Verte) ont détruit des quartiers entiers de la ville romaine sans, malheureusement, que soient faits les moindres relevés ou photographies. Les objets découverts ont échappé au musée Rolin : fréquemment vendus, certains se trouvent encore aujourd'hui dans des collections particulières, d'accès souvent difficile.

Plan synthétique des vestiges antiques découverts à Autun.

Mosaïque des Auteurs grecs en cours de fouille en 1989.

À partir de 1963, Georges Vuillemot, conservateur du musée Rolin, luttant contre l'indifférence générale, a tenté de suivre les chantiers de construction, consignant les découvertes dans les *Mémoires de la Société Éduenne* qu'il a fait renaître. On lui doit d'avoir sauvé la mosaïque d'Anacréon, fragment de la mosaïque des Auteurs grecs découverte en 1965 rue de la Grille.

En 1972, sous l'impulsion de Georges Vuillemot et de Jean-Bernard Devauges, directeur des Antiquités historiques de Bourgogne, une série de fouilles de sauvetage a commencé. La destruction de l'usine des Ateliers d'art occasionnée par la construction de la salle polyvalente de l'Hexagone a permis la mise au jour de deux *domus** dites de Balbius Iassus et à l'Étui d'or. Parallèlement, Jean-Paul Guillaumet, conservateur adjoint au musée Rolin, a pu réaliser de nombreux suivis de travaux sur le territoire de la commune.

Les campagnes de photographies aériennes de René Goguey durant la sécheresse de l'été 1976 ont permis de spectaculaires découvertes, en particulier dans le quartier *extra-muros* de La Genetoye. À l'époque, des fouilles programmées menées par Christian Sapin démarrent sur le site de Saint-Pierre-l'Estrier (une église et un cimetière situés à 1,5 km à l'est d'Autun) ; puis d'autres fouilles suivent en 1983, dans le cloître de Saint-Nazaire (celui de la première cathédrale d'Autun, proche de l'évêché et de l'actuelle cathédrale Saint-Lazare). Elles s'achèvent respectivement en 1986 et en 2004.

Entre 1984 et 1989, Alain Rebourg, conservateur au musée Rolin, conduit de multiples et importantes opérations de sauvetage en différents points de la ville (maison de retraite, « maison à l'Enseigne », pavillon Saint-Louis, rue des Pierres).

La fouille du pavillon Saint-Louis (bordure orientale de l'îlot XI 8), vue en direction du sud. Au premier plan, on voit le caniveau bordant le côté occidental du *cardo* ; au fond, on distingue l'escalier situé dans l'axe du *cardo*, interprété initialement comme base d'un arc par Alain Rebourg.

La recherche archéologique autunoise au XXIe siècle

L'investissement de la municipalité dans la gestion de son patrimoine archéologique conduit en 1989 à la création du service municipal d'archéologie, placé sous la direction de Pascal Chardron-Picault, qui poursuit l'œuvre de ses prédécesseurs en fouillant un grand nombre de sites qui ont fait date dans l'histoire de la recherche (« maison des Auteurs grecs », clinique du Parc, rue aux Raz, lycée militaire), aux côtés des archéologues de l'Association pour les fouilles archéologiques nationales (Afan).

Le service municipal d'archéologie et le service d'animation du patrimoine chargé des actions de valorisation s'installent en 1997 dans d'anciens haras municipaux du XVIIIe siècle réhabilités à l'initiative de la ville d'Autun et du ministère de la Culture, au sein du Centre d'archéologie et du patrimoine Alain-Rebourg.

Placé en 2008 sous la direction de Yannick Labaune, le service municipal d'archéologie voit ses champs d'action s'étoffer progressivement. Il intervient tout d'abord lors de l'instruction des dossiers d'aménagement du territoire et son

Campagne de fouilles au pied du temple dit de Janus.

Inventaire au service archéologique de 1200 morceaux d'une inscription retrouvée à Marchaux au XIXᵉ siècle.

Sondage préliminaire avant aménagement urbain, dans le quartier de Saint-Pantaléon, à proximité du prieuré Saint-Martin.

avis est régulièrement sollicité dans le cadre des échanges entre les services municipaux (urbanisme, services techniques) et ceux de l'État (direction régionale des Affaires culturelles, service régional de l'Archéologie). Opérateur agréé par le ministère de la Culture et de la Communication depuis 2005, il réalise un volume important d'opérations d'archéologie préventive (nombreux sondages dont celui ayant permis la mise au jour des « Écoles méniennes* ») et collabore aux fouilles menées par l'Institut national de recherches archéologiques préventives (Inrap) comme celles de Pont-l'Évêque et du faubourg d'Arroux.

Il a en charge la conservation et la gestion de la documentation issue de ces interventions (mobilier archéologique, archives de fouilles et documentation scientifique), ainsi que son informatisation au sein d'un système d'information géographique. Il assure la transmission des résultats de ces découvertes auprès de la communauté scientifique, mais aussi du grand public.

Le service d'archéologie contribue enfin à la structuration de la recherche scientifique, en proposant des sujets universitaires et en coordonnant les études réalisées sur son patrimoine. Sous la conduite de Yannick Labaune, un programme collectif de recherches transdisciplinaires a émergé en 2012. Il vise à étudier le grand sanctuaire du temple dit de Janus et repose sur la collaboration scientifique de plusieurs équipes universitaires (Franche-Comté, Paris-Sorbonne) avec le service archéologique.

Histoire de la ville

Les premières occupations — 24

Le néolithique

L'âge du bronze et le premier âge du fer (vers 1800 à environ 475 av. J.-C.)

La période laténienne

Cadre historique — 29

De Bibracte à Autun : le transfert d'une capitale

Augustodunum/Autun : ville d'Auguste, chef-lieu de la cité des Éduens

Augustodunum/Autun sous le Haut-Empire : privilèges, révoltes et *Pax romana*

Entre privilèges et révoltes, de Tibère à Vespasien

Autun dans la *Pax romana*, des Flaviens aux Sévères

Vue d'Autun depuis le hameau de Couhard ; le mont Beuvray est visible au second plan.

Les premières occupations

Le néolithique

Les découvertes et études successives ont permis d'identifier une importante occupation néolithique à Autun et dans les environs. Outre une série d'objets isolés, notamment des haches polies et des silex, deux sites importants ont pu être identifiés.

Une tentative de mise en valeur des menhirs du Champ de la Justice a été faite au XIXe siècle. Seuls quelques exemplaires restent visibles. Gravure d'Adrien de Mortillet, XIXe siècle.

Le premier, au Champ de la Justice, à Saint-Pantaléon, concerne un agencement de menhirs dont la datation reste incertaine (vestiges en grande partie exhumés puis réenfouis au XIXe siècle), à proximité desquels plusieurs milliers d'outils lithiques ont été découverts dans les labours. Dans le même secteur, un alignement de « levées » a été interprété par le passé comme le vestige d'une nécropole tumulaire, mais cette hypothèse est remise en question. Les recherches récentes suggèrent qu'il s'agit plutôt des stigmates d'une extraction de schiste bitumineux antérieure au Moyen Âge, peut-être même de boghead, matériau abondamment exploité à Autun durant l'Antiquité (placages et objets du quotidien) dont l'utilisation remonte à la protohistoire (parure). Là encore, en l'absence de fouille, la datation de cette probable exploitation demeure inconnue.

Alignement de « levées » à Saint-Pantaléon.

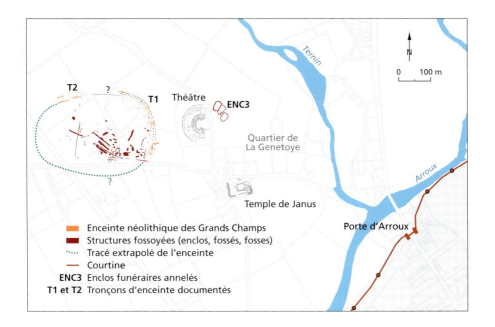

Vestiges de l'enceinte néolithique des Grands Champs et de probables enclos funéraires à proximité du complexe de La Genetoye.

Le second site, situé aux Grands Champs, à la confluence de l'Arroux et du Ternin, se caractérise par une vaste enceinte de forme ovoïde cernée par deux fossés interrompus concentriques et présentant une palissade interne d'environ 400 m de long sur 200 m dans sa partie la plus large, et d'une surface d'à peu près 7,5 ha. Elle a été révélée par la photographie aérienne en 1976, son plan a été affiné en 2013 par une campagne approfondie de prospection géophysique qui a mis en évidence un ensemble de structures fossoyées de grandes dimensions (jusqu'à 70 m de long), parallèles pour certaines, dont la nature (funéraire ?) reste sujette à caution en l'absence d'investigations approfondies. L'image magnétique suggère également la présence de plusieurs centaines de structures fossoyées dont la nature et la datation nous échappent aussi. Deux poteries campaniformes d'influence rhénane ont été découvertes anciennement dans ce secteur et pourraient évoquer un assemblage de type funéraire du néolithique final et trahir ainsi la présence d'une ou plusieurs sépultures. Quelques centaines de mètres à l'ouest de l'enceinte, un menhir s'élevait à Pierrefitte ; il a été démantelé au XIXe siècle. À l'opposé et à proximité du Ternin, en limite de terrasse alluviale, les prospections géophysiques ont révélé un nouvel ensemble de structures fossoyées qui pourrait, vu leur plan comparable, avoir aussi une vocation funéraire.

L'âge du bronze et le premier âge du fer (vers 1800 à environ 475 av. J.-C.)

Jusqu'en 2008, l'âge du bronze à Autun et ses environs n'était attesté que par un ensemble d'objets isolés découverts il y a longtemps – faucille, hache, poignard, marteau de dinandier, sistre, tube à bélières, épingles, lingots – à l'occasion de travaux réalisés sur les communes d'Autun, mais aussi d'Antully, de Curgy et de Dracy-Saint-Loup, ainsi que dans l'enceinte du domaine de Montjeu. Leur piste a été retrouvée par les études en archives et la reprise des collections anciennes du musée des Antiquités nationales (Saint-Germain-en-Laye) et du British Museum (Londres). La période de Hallstatt* (environ 1200-475 av. J.-C.) n'était pas représentée.

Cette documentation est désormais complétée par le résultat de quelques fouilles qui ont permis de mettre au jour des sites structurés. Les trois premiers gisements relèvent de l'âge du bronze final II et III (environ 1100-700).

Faucille de l'âge du bronze découverte à Pont-l'Évêque lors d'une fouille préventive réalisée en 2008.

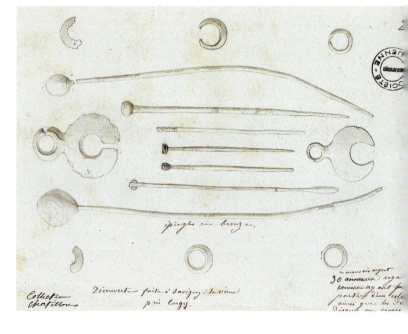

Mobilier de l'âge du bronze découvert au XIXe siècle à Savigny-le-Vieux, à proximité de Curgy.

Le plus ancien a pu être daté du bronze final II et a évolué, entre le XIe et le Xe siècle avant notre ère, grâce à l'utilisation de la méthode radiocarbone* : il concerne un petit habitat ouvert se développant à Pont-l'Évêque au niveau d'un promontoire peu élevé à sommet tabulaire dominant le ruisseau de l'Acaron fouillé entre 2008 et 2009 par l'Inrap et le service archéologique. Il se caractérise par des structures domestiques très arasées (fosses polylobées, silo), qui recelaient pour l'essentiel du mobilier céramique brûlé, à l'exception d'une fosse qui renfermait une faucille à bouton d'un type déjà bien connu dans la région. Sa présence dans le remplissage d'une structure d'habitat et son très bon état de conservation en font une pièce exceptionnelle pour la région.

À la confluence de l'Arroux et du Ternin, les recherches programmées entreprises aux abords du théâtre du Haut-du-Verger ont permis de mettre en évidence en 2013 un dépôt de crémation, mais également des rejets domestiques : l'assemblage funéraire et le mobilier du dépotoir laisseraient penser qu'ils datent du bronze final IIb et relèveraient de la mouvance culturelle RSFO*. Ces premiers indices trahissent la présence d'un site en excellent état de conservation (paléosols conservés) peut-être sous l'édifice de spectacle antique que les recherches à venir tâcheront de mieux caractériser.

Enfin, un diagnostic archéologique mené par l'Inrap en 2013 rue Saint-Antoine, dans la partie méridionale de la ville antique, a permis de détecter la présence de sols du bronze final III que les datations radiocarbones situent entre les Xe et IXe siècles avant notre ère. Ils ont été miraculeusement préservés des terrassements de l'époque romaine.

C'est également un diagnostic de 2011, réalisé cette fois-ci par le service archéologique préalablement au développement d'une ZAC au nord de la ville, dans la plaine alluviale du Ternin, qui a permis de repérer pour la première fois dans l'Autunois un habitat du Hallstatt C-D1 (800 à 550 environ av. J.-C.). Ce site est caractérisé par une fosse polylobée très arasée mais riche en mobilier (assez nombreux tessons de vases céramiques, d'objets indéterminés de terre cuite…) – peut-être des restes de foyers –, fragment de bracelet en schiste.

Statuette d'origine étrusco-italique découverte à Autun au XIXᵉ siècle. Musée Rolin.

La période laténienne

Jusqu'en 2013, la période laténienne n'était attestée à Autun que par la découverte ancienne de trois petits bronzes, l'un d'origine grecque, les deux autres étrusco-italiques, que l'on peut dater entre le Vᵉ et le IIIᵉ siècle avant notre ère. Leur provenance exacte (une tombe princière ?) n'est pas renseignée.

Des sondages préliminaires effectués par le service archéologique avant un projet de construction rue des Drémeaux, dans le *suburbium** oriental à 200 m de là, ont été l'occasion de découvrir, en limite de terrasse alluviale, quelques indices structurés protohistoriques (deux fossés parallèles de drainage ou parcellaire ?) scellés par des dépotoirs antiques. Le mobilier céramique piégé dans les horizons les plus anciens concerne le Hallstatt C-D1 et le Hallstatt D3-Tène C* (500 à 150 av. J.-C.). L'étroitesse de la fenêtre d'observation ne permet pas de mieux caractériser le gisement.

L'étude d'ensemble du complexe cultuel périurbain de La Genetoye dans le cadre d'un projet collectif de recherche, lancé en 2012, a permis de découvrir en 2013 des niveaux d'occupation de La Tène D et de l'époque augustéenne précoce, à la fois contemporains de Bibracte et antérieurs à la création d'*Augustodunum*. Ces vestiges alimentent l'hypothèse de l'existence d'un site cultuel important, peut-être associé à une agglomération de plaine, qui aurait joué un rôle déterminant dans le choix d'implantation topographique de la nouvelle capitale de cité des Éduens. De prochaines campagnes de fouilles permettront d'étoffer la réflexion.

Cadre historique

De Bibracte à Autun : le transfert d'une capitale

Entre Alésia (52 av. J.-C.) et l'avant-dernière décennie avant notre ère, la situation de la Gaule chevelue (*Gallia comata*)* demeure complexe et mal connue, malgré les avancées de la recherche. Après le choc de la conquête, indéniable mais difficile à préciser en terme de destructions et de pertes humaines, l'espace gaulois ne fait l'objet d'aucune réorganisation profonde en raison des guerres civiles qui accaparent les dirigeants romains jusqu'à la défaite de Marc Antoine à Actium en 31 av. J.-C. On attribue parfois à Agrippa, lieutenant d'Octave, la création d'un réseau routier dès le début des années 30, mais cette théorie demeure de plus en plus contestée par les récentes découvertes des archéologues. Au lendemain de la victoire de César, les peuples gaulois sont réunis en cités, les produits méditerranéens ont continué de pénétrer dans l'espace de la *Gallia comata*, et le territoire a été quadrillé par des corps de troupes destinés à prévenir des révoltes qui éclatent malgré tout. En l'espace de cette seule génération, le pôle urbain principal des Éduens, à côté de sites secondaires comme Mâcon (*Matisco*) ou Chalon-sur-Saône (*Cabillonum*), demeure Bibracte, oppidum

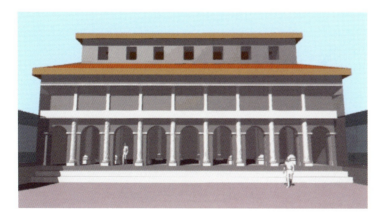

Restitution de la façade de la « basilique »* de Bibracte.

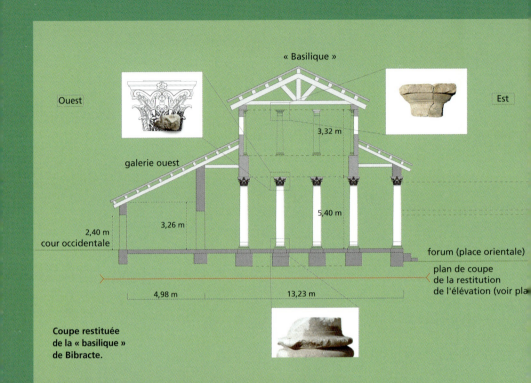

Coupe restituée de la « basilique » de Bibracte.

La base de cette colonne en calcaire parfaitement conservée a été dégagée en 1998 par les archéologues de l'université de Budapest. Elle appartient à un complexe monumental datable du milieu du Ier siècle av. J.-C. La « basilique » fut ensuite « recouverte » par la construction d'une grande *domus*, édifiée entre 20 et 10 avant notre ère, qui fut occupée vers les années 15 à 20 de notre ère.

Le dégagement d'une mosaïque, dans l'une des deux salles de réception de la maison romaine dite « PC1 » (datée du début du Ier siècle apr. J.-C.).

Une céramique, probablement une urne cinéraire, trouvée dans un enclos de la nécropole de Bibracte.

Un enclos de la nécropole à incinération de la « Croix du Rebout » se situait au pied de l'oppidum de Bibracte. Le site, désormais occupé par un parking, a fait l'objet d'une campagne de fouilles préventives par l'Inrap en 2008.

celte qui se pare de bâtiments à la romaine. L'un d'entre eux a été interprété comme étant une basilique, en fonction entre les années 40 et 10 av. J.-C. Vers 15-10 avant notre ère, alors que les peuples gaulois sont profondément réorganisés par Auguste et ses corégents, Agrippa et Drusus, ces derniers décident de transférer le chef-lieu de la cité des Éduens de Bibracte, site de hauteur du Morvan, vers un site de plaine placé sur le tracé de la voie stratégique reliant Lyon, capitale des Trois Gaules*, à Boulogne-sur-Mer (*Bononia-Gesoriacum*). C'est là, sur la rive gauche de l'Arroux, affluent de la Loire, qu'*Augustodunum*, ville d'Auguste, est fondée. Les modalités de ce transfert ne sont pas brutales, mais progressives et raisonnées. Si les fouilles anciennes de Jacques-Gabriel Bulliot et Joseph Déchelette, dans la seconde moitié du XIXe siècle, ont prouvé définitivement qu'Autun n'était pas Bibracte, des explorations récentes ont révélé des occupations augustéennes contemporaines sur les deux sites caractérisées par des structures absolument identiques (voies, espaces funéraires, habitats).

Augustodunum/Autun : ville d'Auguste, chef-lieu de la cité des Éduens

Au lendemain de sa victoire, César ne dispose pas du temps nécessaire pour donner une organisation particulière à la Gaule celtique, même si ce territoire provincialisé est *de facto* placé sous l'autorité du gouverneur de la Transalpine, devenue Narbonnaise après 27 av. J.-C. Il revint à Auguste d'offrir aux peuples de Gaule un cadre d'aménagement proprement romain appelé *civitas*. Une *civitas* se définit comme une communauté juridique d'hommes libres qui s'auto-administrent sur un territoire donné (*ager*) et dont une ville (*urbs*), devenue le chef-lieu (*caput civitatis*), permet aux dirigeants de se réunir pour la gestion des affaires locales. *Augustodunum*/Autun est conçue à cette fin. Les Éduens étant un peuple estimé, frères des Romains, ils bénéficient alors du statut exceptionnel de colonie de droit latin, associé à un second privilège, le droit d'ériger une enceinte de 6 km enserrant une superficie de près de 200 ha. Le cadre juridique établi, les limites territoriales fixées, l'espace de la ville inauguré, il ne restait plus qu'aux générations suivantes à développer ce tissu urbain.

Monnaie d'Auguste retrouvée dans le quartier de La Genetoye en 2013. L'autel des Trois Gaules figure de manière schématique sur le revers.

L'une des tours de la fortification d'origine augustéenne, vue depuis la campagne. L'assise de blocs en grand appareil correspond, à l'intérieur de la ville, au niveau du sol antique.

La fortification est dominée au sud par la tour médiévale des Ursulines, construite sur une base antique.

Augustodunum/Autun sous le Haut-Empire : privilèges, révoltes et *Pax romana*

Entre privilèges et révoltes, de Tibère à Vespasien

La ville d'Autun reflète à travers ses monuments le lien privilégié qui unit les élites éduennes à la dynastie des Julio-Claudiens tout en constituant un véritable manifeste de l'adhésion de ces dernières aux valeurs de la romanité. La taille de l'enceinte et de ses portes, l'emprise urbaine et les deux pôles monumentaux constitués par l'*area forensis* (espace tripartite formé d'une place centrale, d'un capitole en l'honneur des dieux de Rome, d'une basilique judiciaire, attestés dans un discours tardif, *Panégyrique latin*, V, 9 de 298 apr. J.-C) et par le théâtre, deuxième du monde romain par sa taille (149 m de diamètre), daté au plus tard du Ier siècle apr. J.-C., le rappellent avec éclat. Durant ce moment fondateur, la nomination, dès 12 av. J.-C., d'un Éduen, Caius Julius Vercondaridubnus, comme premier grand prêtre du culte impérial à l'Autel du Confluent* à Lyon, signale la prééminence des Éduens sur les autres peuples des Trois Gaules (Tite Live, *Periochae*, 139). Le lien étroit avec la dynastie au pouvoir, fondé sur une relation de patronage, n'est remis en cause qu'à l'occasion d'une révolte intervenue sous Tibère en l'an 21 de notre ère. Conduit par un jeune aristocrate nommé Julius Sacrovir, associé à un certain Julius Florus, membre de l'élite des Trévires, cet épisode, déclenché certainement par une réaction antifiscale, entraîne des combats importants dans le voisinage d'Autun, comme en témoigne l'historien Tacite, qui livre au passage la première mention officielle du nom de la ville dans un texte littéraire (*Annales*, III, 43-45). Malgré la gravité des faits, la révolte de 21 ne provoque pas, semble-t-il, de répression féroce, ni ne bouleverse l'ordre des choses établi par Auguste. Au contraire même, il apparaîtrait que la ville d'Autun ait continué de profiter des privilèges concédés par les empereurs Caligula (37-41) et Claude (41-54). C'est lors de la censure de ce prince, en 48, qu'à la suite d'un discours prononcé au Sénat, les notables éduens, seuls parmi les peuples des Trois Gaules, reçurent l'immense privilège du *Ius Honorum*, leur ouvrant ainsi l'accès au Sénat de Rome (Tacite, *Annales*, XI, 25, et l'inscription de Lyon appelée « Table claudienne* »). Si aucun nom de sénateur éduen d'époque julio-claudienne n'est attesté, la ville d'Autun est à nouveau le théâtre d'événements majeurs lors de la crise ouverte à la mort de Néron en 68. Menacés de voir leur territoire et leurs villes pillés, les Éduens remettent argent, armes et vivres aux légions du Rhin en route pour l'Italie (Tacite, *Histoires* I, LI, 7 et LIV, 7-8). Quelques mois plus tard, une révolte conduite par un certain Marricus, chef autoproclamé des Boïens installés dans un *pagus* (canton) éduen, doit être matée avec vigueur par la troupe appuyée par des milices locales (Tacite, *Histoires* II, LXI, 1-2). Enfin, après la victoire des armées de Vespasien, il revient à un officier éduen, le tribun Julius Calenus, ancien partisan de l'éphémère empereur Vitellius, d'aller négocier l'acceptation du nouveau pouvoir impérial auprès des cités de la Gaule centrale (Tacite, *Histoires* III, XXXV, 3). Julius Calenus demeure l'un des rares notables gaulois à être connu à la fois par le témoignage de Tacite et par une inscription lapidaire. Pour Autun, l'avènement des Flaviens semble inaugurer une phase nouvelle de développement et de prospérité.

Autun dans la *Pax romana*, des Flaviens aux Sévères

À partir des Flaviens, contrairement aux décennies précédentes, l'histoire de la ville s'écrit sans source littéraire, mais grâce aux témoignages de l'archéologie et des inscriptions. On sait qu'*Augustodunum* s'appelle également *colonia Julia Florentia*, titulature coloniale qui résume à travers différentes épithètes les rapports privilégiés entretenus avec les premiers empereurs de Rome, ainsi que la prospérité des Éduens. À cette date, la ville devait être dotée, d'après le témoignage d'une source postérieure mais au

Cette plaque calcaire aux bords moulurés porte l'inscription suivante :
« C(aius) Iul(ius) Proculus, fils de C(aius) (Iulius) Magnus, petit-fils de C(aius Iulius) Eporedirix, a fait (ce monument) à ses frais. »
En deux générations, les noms gaulois (Eporedirix) se romanisent (Magnus, Proculus).
Musée Rolin.

Gladiateurs en bronze plaqué d'argent. Dès 21, Tacite mentionne la présence à Autun d'une caserne de gladiateurs; ces derniers figurent parmi les révoltés enrôlés par Julius Sacrovir (voir p. 33). Musée Rolin.

contenu très fiable (*Panégyrique latin*, V, 9 de 298 apr. J.-C.), d'un centre monumental de grande qualité, composé d'une *area forensis* déjà mentionnée, de trois aires sacrées dédiées l'une au dieu Apollon, l'autre à Anvallos (dieu guerrier éduen), la troisième enfin, *extra-muros*, à une divinité inconnue (sanctuaire dit de Janus). À cette panoplie s'ajoutent également un amphithéâtre monumental, situé en bordure est de l'emprise urbaine, construit au plus tôt sous les Flaviens, et certainement de vastes thermes de type « impériaux » placés dans un îlot central le long de l'axe nord/sud, appelé par convention *cardo maximus*. Au IIe siècle donc, comme pour d'autres cités de l'Empire, le centre urbain d'Autun connaît des recompositions majeures. Celles-ci sont marquées par la multiplication des pôles monumentaux et, chemin faisant, la perte relative de l'importance politique et symbolique de l'aire du forum au profit d'autres bâtiments, moins connotés politiquement (bains, amphithéâtre) car destinés à l'*amoenitas urbis*, aux plaisirs de la vie urbaine. Les *ornamenta civitatis* suivent les modes et les modèles venus de Rome,

Pendentif orné d'un *aureus* (monnaie en or) de Septime Sévère (193-211). L'avers représente la tête laurée de l'empereur. Musée Rolin.

formant ainsi dans Autun un vaste réseau de bâtiments qui jalonnent, sur des distances importantes, le parcours et les itinéraires des habitants et des visiteurs. Si ces monuments participent chacun, à leur manière, au rayonnement de la ville et à l'éclat de sa dignité, l'originalité d'Autun comparée aux autres cités de l'Occident romain réside dans la taille et la qualité de ses édifices publics, qui incarnent dans la pierre l'identité civique des *fratres* des Romains et constituent autant de manifestes d'allégeance au pouvoir des empereurs de Rome.

Entre Vespasien et les Sévères, l'agglomération d'Autun connaît donc un développement et une prospérité inégalés. Les multiples îlots qui forment l'espace urbain, à mesure que la population croît, se densifient, et les activités qu'ils abritent se spécialisent (quartiers artisanaux ou d'habitation). Ces quartiers se couvrent enfin de bâtiments privés (ateliers, échoppes, *domus*) et de monuments publics. Sur des sujets comme la vie quotidienne, la gestion urbaine ou la fonction de *caput civitatis* que remplit la ville, la rareté des sources ne permet pas de brosser un tableau très complet de la situation qui prévaut durant le Haut-Empire. Historiens et archéologues disposent d'informations intéressantes sur le monde des artisans et de la plèbe urbaine grâce aux nombreuses stèles funéraires érigées dans les nécropoles du *suburbium*, ville des morts qui fait écho à celle des vivants et aux quartiers artisanaux situés près des portes, bien répertoriés désormais grâce à deux grandes fouilles récentes (celle du lycée militaire et celle de la porte d'Arroux). Dans le même ordre d'idées, on sait par la documentation épigraphique que la gestion de la ville et du territoire de l'*ager* éduen, divisé en *pagi* (cantons) et en *vici* (agglomérations secondaires), était confiée à des notables de haut rang, élus à la dignité de magistrats (*duumvirs*, édiles, questeurs) par l'assemblée locale appelée conseil des décurions. La situation est tout à fait conforme ici à celle rencontrée dans les colonies latines de Narbonnaise. Enfin, la ville connaît un grand rayonnement culturel puisqu'elle abrite des écoles de rhétorique réputées, nommées *Scholae maenianae* (Écoles méniennes*). La culture grecque, en plein renouveau au IIe siècle de notre ère, époque de la Seconde Sophistique*, s'y développe de manière originale : le sous-sol d'Autun a livré une mosaïque unique en son genre, où figurent des portraits de célèbres penseurs associés à des citations extraites de leurs œuvres (Anacréon, Épicure, Métrodore). À la même époque, vers l'an 200, s'installe à Autun un rhéteur originaire d'Athènes, venu enseigner la langue d'Homère dans la ville (*Panégyrique latin*, V, 9).

Durant la *Pax romana* antonine et l'époque sévérienne, l'histoire d'Autun demeure assurément une histoire qui ne peut s'écrire qu'en pointillés et dont les pages comportent beaucoup de lacunes et d'incertitudes. Mais l'ensemble des témoignages converge toujours vers une même idée. Si Autun ressemble sur bien des points à n'importe quelle autre ville des Trois Gaules du fait des bâtiments qu'elle abrite, conçus comme autant de symboles communs de la romanité et d'appartenance à l'Empire (forum, théâtre, amphithéâtre, thermes), elle demeure cependant une ville exceptionnelle par son paysage monumental et sa scénographie urbaine, pour la seule et unique raison que les Éduens portaient le titre de « frères » des Romains.

Vue aérienne du théâtre urbain. Sa hauteur initiale avoisinait celle de la cime des arbres.

La célèbre Table claudienne, retrouvée à Lyon, reproduit le discours de l'empereur Claude en 48, dans lequel il se prononçait pour l'entrée au Sénat de représentants de la Gaule chevelue. Les Éduens furent les premiers à obtenir ce droit. Musée gallo-romain de Lyon.

La ville du Haut-Empire, présentation des vestiges et des monuments

Mise en place de l'urbanisme et premières occupations   40

De l'oppidum gaulois à la ville gallo-romaine

Plan d'urbanisme et organisation urbaine

Les portes monumentales : recherches récentes

Trame viaire et organisation urbaine

La gestion de l'eau privée et publique à *Augustodunum*

L'occupation urbaine à l'époque augusto-tibérienne : premiers indices à partir de la fouille du faubourg d'Arroux

Les quartiers monumentaux   59

Le forum

Les sanctuaires et lieux de culte

Les ensembles thermaux

Le quartier des spectacles

L'habitat   77

L'habitat modeste : l'exemple du faubourg d'Arroux

Les grandes maisons urbaines

Le décor d'une riche demeure, témoignage de l'hellénisme des Éduens

Les ateliers artisanaux   84

Considérations générales

Le quartier artisanal du faubourg d'Arroux

La porte d'Arroux, détail de la galerie supérieure.

Mise en place de l'urbanisme et premières occupations

De l'oppidum gaulois à la ville gallo-romaine

En ce qui concerne l'urbanisme, les sites de Bibracte et Autun sont tributaires de principes et de contraintes qui leur sont propres.

À Bibracte, deux plans directeurs successifs peuvent être restitués à l'époque celtique pour l'édification des enceintes, dont découlent les axes principaux composant l'ossature interne de la ville. Dans la seconde moitié du Ier siècle av. J.-C., on observe des remaniements nombreux et massifs, qui transforment profondément l'apparence du site, sans bouleverser néanmoins la structure générale maintenue des périodes précédentes. On aimerait évidemment déterminer si ces transformations répondent à un programme unitaire ou à une juxtaposition d'initiatives variées, ainsi que les motivations qui en sont à l'origine. Pour l'heure, on doit s'en tenir au constat de l'existence de ces constructions nouvelles en plusieurs points du site, et à différents moments de la période considérée, sans parvenir ni à les intégrer dans un plan coordonné, ni à exclure cette hypothèse.

À Autun, on identifie les traces d'un plan d'urbanisme unitaire et cohérent à travers le réseau viaire orthonormé et son articulation avec l'enceinte d'origine augustéenne. À une échelle plus petite, l'organisation interne des îlots est probablement fondée sur un module de 100 pieds divisé en deux sous-modules valant respectivement deux tiers et un tiers de cette mesure (fouille du lycée militaire). Ce dernier aspect établit un lien avec Bibracte, puisque l'on peut y envisager le recours à ces mêmes modules (maisons standardisées et hypothèse d'un lotissement au Parc aux Chevaux). D'autres analogies entre les deux sites, déjà signalées par ailleurs, sont à rappeler : la présence d'une enceinte et la largeur exceptionnelle des rues principales. Il est donc possible que certaines caractéristiques de Bibracte aient joué un rôle lors de la conception d'Autun.

Sites d'habitat

1 - Maison à la Mosaïque de Neptune, 5 rue Jeannin
2 - Maison à la Mosaïque de Bellérophon, 1 bis rue du Clos-Jovet
3 - Maison à l'Amulette égyptienne, jardin Laurin
4 - Maison à la Mosaïque des Auteurs grecs, 52 rue de la Grille
5 - Maison de Balbius Iassus, boulevard Frédéric-Latouche
6 - Maison à l'Étui d'or, boulevard Frédéric-Latouche
7 - Maison à la Vis de Bois, 14 rue de la Croix-Verte
8 - Maison à l'Enseigne, 43-45 rue de la Grille
9 - Maison à l'Ampulla de plomb, 6 avenue du Morvan
10 - Maison aux Artisans et maison au Socle noir, 14 rue aux Raz
11 - Maison aux Stucs, 7 bis rue de Parpas
12 - Maison au Moule de Sucellus, 29 rue de la Grille
13 - Maison aux Trois mortiers, rue Carion
14 - Maison au Puits, 28 rue de la Croix-Verte
15 - Maison à la Mosaïque au décor géométrique, 22c rue de la Croix-Verte
16 - Maison à l'Intaille, 4 rue de la Croix-Verte
17 - Maison au *Terrazzo signinum*, 15 rue de la Croix-Blanche
18 - Maison aux Hypocaustes, 36 rue de la Croix-Blanche
19 - 11 avenue du Deuxième-Dragon
20 - 28 rue de la Croix-Verte
21 - Rue du 8-Mai-1945
22 - Boulevard Frédéric-Latouche

Sites d'artisanat

23 - Caserne Changarnier / anciens jardins de l'abbaye Saint-Jean
24 - 18 faubourg d'Arroux
25 - Jardin Laurin
26 - Quartier de la gare
27 - Institut Anne-Marie Javouhey
28 - 43-45 rue de la Grille (maison à l'Enseigne)
29 - 15 rue de la Croix-Blanche
30 - Nouvel hôpital (maison aux Stucs)
31 - Clinique du Parc
32 - Maison de retraite / pavillon Saint-Louis
33 - Institution Saint-Lazare, 14 rue aux Raz (maison aux Artisans)
34 - Ateliers d'Art (maison de Balbius Iassus)
35 - Promenade des Marbres
36 - 14 rue de la Croix-Verte (maison à la Vis de bois)
37 - 5 avenue du Deuxième-Dragon
38 - Théâtre
39 - Cloître Saint-Nazaire
40 - Cathédrale Saint-Lazare
41 - École rue Bouteiller
42 - Résidence Sainte-Anne, 14, rue Lauchien-le-Boucher
43 - 11 avenue du Deuxième-Dragon
44 - 28 rue de la Croix-Verte
45 - École du Clos-Jovet
46 - 17 rue Saint-Antoine
47 - 17-19 rue Carion
48 - Rue des Pierres
49 - Lycée militaire

- Rue et voie attestées
- Courtine : segment conservé
- Courtine : tracé extrapolé
- Tour : conservée en élévation
- Tour : localisation extrapolée
- Égouts
- Aqueduc
- Îlot public / monumental

Vue zénithale de la *domus* PC1 de Bibracte. Son plan rappelle celui des demeures aristocratiques urbaines de l'Italie romaine, avec atrium, cour à péristyle et bains privés.

Dans l'état actuel de la recherche, concernant les riches demeures augusto-tibériennes, le silence presque total d'Autun répond au foisonnement urbanistique de Bibracte. On a pu y reconnaître les plans standardisés notamment mis en œuvre dans les villes nouvelles du monde romain (Lyon ou Orange, par exemple), ainsi qu'une série de vastes *domus* de prestige. Le contexte chronologique (les dernières décennies du Ier siècle avant notre ère) et la tradition à laquelle se rattachent ces bâtiments, deux paramètres qui sont partagés par Autun, autorisent à imaginer leur transposition dans les premières phases de construction de la ville.

Plan d'urbanisme et organisation urbaine
L'enceinte

L'obtention du droit de fortification constitue un privilège rare qui ne peut être accordé et financé – directement ou par le biais d'exemptions d'impôts – que par l'empereur lui-même. Qu'*Augustodunum* ait obtenu un tel droit est significatif du statut privilégié accordé par Auguste à la capitale des Éduens.

Le plateau sur lequel la ville est implantée, incliné du sud au nord, est isolé du reste du paysage par de profondes entailles au fond desquelles coulent des ruisseaux (Riveau, Accaron…) qui contournent le relief avant de se jeter dans l'Arroux. Cette configuration topographique a dicté à l'enceinte sa forme losangique. Longue de 6 km à l'origine et enserrant une superficie d'environ 200 ha, elle est aujourd'hui conservée sur un peu plus des deux tiers de son tracé. Cet état de conservation est d'ailleurs exceptionnel pour les ouvrages de cette époque connus dans les Gaules.

Le site originel présentant une déclivité générale du sud vers le nord, il a été fortement remanié avant son urbanisation. L'enceinte d'une largeur moyenne de 2,50 m joue le rôle d'un puissant mur de soutènement. Construite non pas au sommet de la pente mais au tiers ou à la base de celle-ci, elle retient les déblais issus de la mise en place d'un système de terrasses planes destiné à racheter progressivement la dénivellation et à faciliter la création d'îlots.

La fortification se compose d'une alternance de courtines et de tours circulaires d'une dizaine de mètres de diamètre. En 2007, une étude exhaustive des élévations a permis de repérer précisément 48 tronçons de courtines et 30 tours, dont le nombre devait s'élever à l'origine à 57 selon ces dernières recherches. On ne connaît pas la hauteur primitive des courtines que l'on suppose supérieures à une dizaine de mètres et surmontées d'un chemin de ronde bordé de créneaux. En l'état actuel des recherches, on observe une grande homogénéité du mode de construction utilisé sur la totalité du tracé qui trahit semble-t-il une construction d'un seul jet. Le noyau de blocage est systématiquement composé de blocs de granite à deux micas des carrières de Couhard noyés dans le mortier, le parement interne comporte des moellons partiellement enduits (décor de baguettes saillantes et de joints tirés au fer) issus de ces mêmes gisements et le parement externe, en petit appareil, est constitué de moellons en grès fin provenant du plateau voisin d'Antully.

En l'absence de données archéologiques pertinentes, la mise en perspective de l'enceinte d'Autun, particulièrement aboutie en comparaison des enceintes dites « augustéennes » de Narbonnaise qui appartiennent à la seconde vague de fortification comme à Vienne et à Toulouse, permet d'imaginer une date d'achèvement assez tardive, sous Tibère. Cette hypothèse de datation coïncide avec les données chronologiques obtenues lors de la fouille de certaines tours.

Concernant l'enceinte réduite isolant la pointe méridionale de la ville, seule une phase de construction postérieure au IIIe siècle a été documentée jusqu'à présent à l'occasion d'une surveillance de réseaux menée par le service archéologique municipal. Dans l'état actuel du dossier, il n'est pas possible de préciser si son origine est plus ancienne (ce pourrait être un ancien système de terrasses).

Le rempart d'origine augustéenne est percé de quatre portes monumentales, en partie sinon toutes prévues dans le projet initial, et placées approximativement aux quatre points cardinaux. Les portes dites d'Arroux et de Rome, sur le tracé de la voie d'Agrippa, délimitent au nord et au sud le *cardo maximus*. Les portes dites de Saint-Andoche à l'ouest et de Saint-André à l'est sont quant à elles situées à l'aboutissement de deux rues décumanes différentes encadrant le centre monumental. Plusieurs indices suggèrent l'existence d'accès secondaires : un dans la ville haute à l'emplacement de la porte médiévale de Breuil, un autre à l'angle nord-ouest de la ville permettant probablement l'accès au quartier de La Genetoye en franchissant l'Arroux sur un pont, un dernier enfin en arrière du théâtre.

Parement en petit appareil de la courtine côté campagne composé de moellons de grès issus du plateau d'Antully.

La fortification antique (ici boulevard Mac-Mahon) est conservée sur 4 km environ, soit les deux tiers de l'enceinte initiale.

Les vestiges du seuil de la poterne de Breuil, certainement antérieurs au Moyen Âge, ont été découverts en 2003.

Essai de restitution de l'enceinte antique au niveau du tronçon conservé boulevard Mac-Mahon.

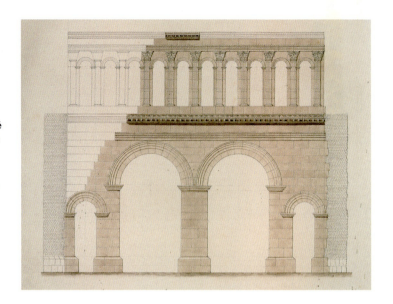

La porte d'Arroux du côté de la campagne. Relevé du XIXe siècle (Album Roidot-Deléage, vol. 1, pl. 48).

Les portes monumentales : recherches récentes

Aucune autre ville de Gaule ou d'Italie ne présente un ensemble de portes romaines aussi bien conservé qu'Autun. Trois des quatre portes monumentales y sont conservées *in situ*, à des degrés divers mais complémentaires. Elles ont fait l'objet d'un réexamen complet en 2012.

La porte d'Arroux et la porte Saint-André présentent leurs quatre passages au niveau de la chaussée – deux principaux au centre dans l'axe de la voie et deux latéraux de moindre taille dans l'alignement des trottoirs. Pour chacune s'élève au premier étage une galerie composée à l'origine de deux pans scandés par dix arcades chacun. Cet espace de circulation couvert assurait la continuité du chemin de ronde entre les deux tours qui flanquaient chaque porte urbaine de part et d'autre. Si elles ont disparu au niveau de la porte d'Arroux, deux de ces tours sont encore visibles à Autun : la tour nord de la porte Saint-André et la tour sud de la porte Saint-Andoche. De cette porte située au sud-ouest de l'enceinte, il ne reste d'ailleurs qu'une partie seulement de la tour de flanquement, visible en élévation. La porte de Rome, au sud-est du rempart, est la seule des quatre à avoir été entièrement démantelée. Elle fut recouverte dans la seconde moitié du XVIe siècle par un tronçon du rempart d'époque moderne au contact du bastion dit de la Jambe

de bois. C'est du reste à cet endroit que l'on observe encore aujourd'hui, en situation de remploi, nombre de blocs de calcaire oolithique qui ne diffèrent en rien de ceux de la porte d'Arroux. Quant à la tradition locale attribuant à la porte de Rome des éléments décoratifs de marbre qui auraient été réemployés au moment de la construction de la cathédrale Saint-Lazare, elle est sans fondement. Les portes du rempart sont-elles des ouvrages à vocation défensive ou leur fonction est-elle plutôt symbolique ? Pour la porte d'Arroux, qui s'élève dans l'alignement d'un pont et au milieu d'une pente ascendante pour le voyageur, il est clair que la monumentalité des portes urbaines est liée à une volonté de mettre en scène la grandeur de la ville. Dans le même ordre d'idée, l'harmonie des proportions et des jeux de symétrie, l'ampleur des dimensions, la finesse du décor architectural visible sur les pilastres, les chapiteaux et les

Évocation de la porte d'Arroux dans son état originel. Elle était munie d'une cour intérieure quadrangulaire, sorte de sas permettant le contrôle des personnes et des marchandises, ainsi que le prélèvement des taxes.

Une rainure pratiquée dans la voûte des baies centrales de la porte d'Arroux permettait le passage d'une herse dont le mécanisme se situait au niveau de la galerie à arcades.

La porte d'Arroux vue depuis l'extérieur de la ville. Les rainures en forme de chevrons et la niche sur le pilier central sont les vestiges d'une petite chapelle dédiée à Notre-Dame du portail d'Arroux, édifiée au XVe siècle.

corniches, l'éclat du calcaire oolithique ou encore la qualité de la taille et de la mise en œuvre de ces blocs dont on ne distingue pas toujours les joints ne font pas penser à un austère ouvrage fortifié. Pour autant, on a trop tendance à considérer le règne d'Auguste comme une époque de paix universelle, ce qui conduit à réduire les fortifications de cette époque à des manifestations de la fierté des communautés locales, à la marque de la domination de Rome ou au signe d'une promotion urbaine.

Pourtant, ces structures étaient parfaitement fonctionnelles ! En effet, les portes avaient pour fonction d'interdire ou de filtrer l'accès à la ville, mais aussi de prélever des taxes sur les marchandises. La porte d'Arroux présente, au sein de ses deux baies centrales, les sillons verticaux entre lesquels était manœuvrée une herse : les traces de frottement observables sur les blocs situés à l'aplomb des deux saignées permettant à la herse de s'escamoter révèlent que ces herses étaient bel et bien fonctionnelles.

Les deux passages latéraux étaient quant à eux fermés par des vantaux de bois, tout comme les quatre passages de la porte Saint-André. Des recherches récentes ont aussi démontré l'existence d'une cour intérieure quadrangulaire au niveau de la porte d'Arroux, dont il ne reste plus en réalité que la partie tournée vers la campagne. Deux murs parallèles à la voie, démantelés au plus tard au IVe siècle, reliaient la partie conservée de la porte à un corps de bâtiment tourné vers l'intérieur de la ville, quelques mètres en retrait. Ce type de dispositif, bien connu en Italie ou dans le sud de la Gaule, créait un sas entre ville et campagne permettant le contrôle des personnes et des marchandises. Le parallèle le plus proche, architecturalement et chronologiquement parlant, est sans aucun doute la porte Auguste de Nîmes, mais bien d'autres sites peuvent aussi être cités, comme Turin, Aoste, Concordia Sagittaria en Italie ou encore Toulouse. La présence de ce dispositif de cour au niveau des trois autres portes d'Autun est une hypothèse très vraisemblable, mais encore non prouvée.

Même si les différences semblent flagrantes entre une porte d'Arroux d'ordre corinthien, élancée, constituée de calcaire oolithique, et une porte Saint-André aux chapiteaux ionicisants, plus trapue, mieux conservée, constituée pour moitié de grès arkose, les quatre portes appartiennent bien à un projet de construction unitaire. À ce jour, la question de la datation des portes d'Autun n'est pas encore tout à fait résolue, même si l'on sait que leur construction remonte au règne d'Auguste – que l'on se fie à l'analyse stylistique du décor ou que l'on songe aux nombreux parallèles

La porte Saint-André a conservé, du côté de la campagne, l'une de ses deux tours de flanquement (au second plan), qui abrite aujourd'hui un temple protestant. Cette tour était devenue au Moyen Âge une église dédiée à Saint-André, d'où le nom donné à la porte.

La tour qui flanquait initialement la porte dite de Saint-Andoche, détruite en 1584, est visible dans cet édifice ; elle doit sa conservation exceptionnelle à son intégration au sein d'un complexe monastique à l'époque médiévale.

contemporains de Gaule narbonnaise et d'Italie. Toutefois, les chercheurs restent partagés entre une datation médio-augustéenne (entre 15 av. J.-C. et le changement d'ère) et une datation tardo-augustéenne (entre le changement d'ère et 15 apr. J.-C.). De nouvelles investigations, prospections géophysiques ou sondages archéologiques pourraient préciser la chronologie et le plan de ces dispositifs.

Trame viaire et organisation urbaine

Les travaux d'arpentage et de bornage préalables à la mise en place de la chaussée et au découpage des îlots selon une trame parfaitement orthonormée paraissent avoir été réalisés à la fin du règne d'Auguste. Dans certains cas observés au faubourg d'Arroux, ces travaux ont visiblement nécessité le démantèlement d'aménagements plus anciens à l'orientation divergente et remontant aux premières années suivant la fondation de la ville (sols empierrés, bâtiments construits en matériaux périssables…).

Cette trame régulière a su s'affranchir des contraintes topographiques. L'état actuel de la documentation (dont l'informatisation est en cours) ne permet pas d'études métrologiques approfondies, mais il semblerait que la division de la grille soit basée sur l'*actus* (un *actus* équivaut à 120 pieds romains soit 35,568 m). Ainsi, il ressort que la plupart des îlots (environ 160) adoptent une forme approximativement carrée de 100 à 110 m de côté (soit 3 *actus*). Seule la rangée d'îlots située immédiatement à l'ouest du *cardo maximus* est plus large, avec 160 m d'est en ouest (soit 4,5 *actus*). Le projet urbain paraît avoir prévu l'existence d'îlots plus vastes pour accueillir les monuments emblématiques de la cité (forum, bains publics, sanctuaire d'Apollon, nymphée*…) en façade de la principale rue qui marque, rappelons-le, le passage de la voie d'Agrippa à l'intérieur de la ville.

À ce jour, les centaines d'interventions archéologiques menées à l'intérieur de l'enceinte n'ont jamais permis de prouver la présence d'espaces non construits à l'intérieur de la ville, à l'exception évidemment de petits jardins privés.

Concernant la datation des rues, les indices les plus anciens se rapportent au *cardo maximus* qui aurait été édifié autour du changement d'ère. La construction des autres axes viaires s'échelonnerait sur plusieurs décennies, en particulier sous le règne de l'empereur Tibère, pour s'achever sous celui de Claude, vers le milieu du Ier siècle. Ce laps de temps a été, entre autres, nécessaire aux travaux de construction des réseaux enterrés ne respectant pas la trame, par exemple l'aqueduc et certains grands égouts. Une fois mises en place, les limites de l'espace public ont été parfaitement respectées pendant trois à quatre siècles. Il faut en effet attendre l'extrême fin du IVe siècle pour assister à la construction marginale de bâtiments à la fonction indéterminée empiétant sur les anciens trottoirs et caniveaux.

Les études récentes mettent en évidence l'homogénéité des rues. La chaussée de 8 m de largeur en moyenne est systématiquement composée de recharges graveleuses issues de la plaine alluviale. Elles sont bordées par des portiques, dont on retrouve très fréquemment le mur bahut accueillant de loin en loin des piles de fondation en grès d'arkose supportant des colonnes en bois.

Le *cardo maximus* sort cependant du lot avec une largeur très importante d'une douzaine de mètres de caniveau à caniveau, mais aussi par la présence d'aménagements

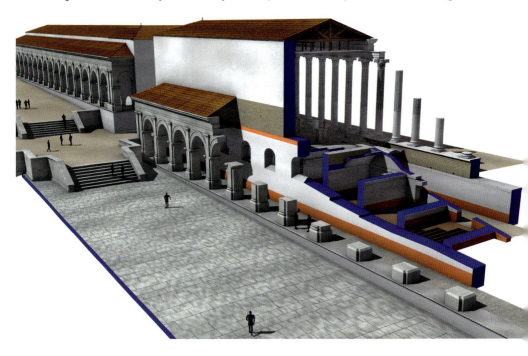

Évocation de la place publique découverte au pavillon Saint-Louis. Située sur le tracé du *cardo maximus* en façade de deux îlots monumentaux, elle est bordée par un portique à arcades et aboutit à un grand escalier.

remarquables : dans le centre monumental, dès le Ier siècle, une place pavée de calcaire et un escalier monumental se développent ainsi sur le tracé de cette rue. C'est également la seule à bénéficier d'un pavement en dalles de granite polygonales au tout début de l'Antiquité tardive. En revanche, et contrairement à ce qui a pu être affirmé jusqu'à présent, aucun indice ne plaide en faveur d'une monumentalisation des deux rues décumanes menant aux portes Saint-Andoche ou Saint-André. Toutefois, un *decumanus** aussi large que le *cardo maximus* a été découvert entre ces deux rues : il sépare initialement la ville en deux parties égales mais tombe très vite en désuétude. Il pourrait s'agir du véritable *decumanus maximus* au sens étymologique du terme qui n'aurait pas eu, suite peut-être à un repentir dans le plan d'urbanisme, l'importance et la fonction qu'on lui destinait initialement.

Le réexamen conjoint de la trame viaire (en 2008) et de l'enceinte (en 2007) tend pour le moment à confirmer la concordance entre le tracé des rues et la position des tours

Intérieur d'un égout longeant une rue antique. Il a été découvert à proximité de la caserne Changarnier. Les traces des planches de bois ayant permis le coffrage de la voûte sont clairement visibles dans le mortier.

de la fortification d'origine augustéenne. Il confirme également la présence d'un espace non construit en périphérie immédiate de l'enceinte, permettant la circulation et l'accès à la fortification en rendant possible son entretien.

Malgré peut-être quelques adaptations de détail et d'éventuels repentirs, notre documentation suggère donc la mise en place d'un projet d'urbanisme cohérent défini dès la fondation de la ville et réalisé dans les premières décennies du Ier siècle de notre ère, à l'instar de villes à plan programmé de type colonial.

La gestion de l'eau privée et publique à *Augustodunum*

En dehors des nombreux cours d'eau qui cernaient la ville (Arroux, Accoron, Riveau), *Augustodunum* disposait d'un réseau d'alimentation et d'évacuation d'eau performant, connu grâce aux recherches effectuées au XIXe siècle, aux travaux universitaires récents et aux fouilles d'archéologie programmées et préventives.

Deux aqueducs assuraient l'approvisionnement de la ville en eau potable : l'aqueduc de Montjeu et l'aqueduc de Montdru. Ces ouvrages représentent les éléments symboliques de la vie urbaine « moderne », apportée par Rome : l'eau coulait donc en abondance dans la capitale éduenne.

Les deux aqueducs, probablement édifiés dans le courant du Ier siècle, captaient d'importantes résurgences dans les massifs granitiques méridionaux. Le dénivelé séparant les sources de Montjeu de la ville était tel qu'il a nécessité la construction de systèmes de ralentissement du débit de l'eau, appelés « puits de rupture de pente », dans les zones les plus accidentées : le canal est ainsi interrompu par un puits quadrangulaire de 3 m de côté, qui peut atteindre jusqu'à 6 m de profondeur. À sa base est installé le canal de fuite. Ces puits peuvent être disposés en série et former alors une véritable cascade : dans le secteur de Brisecou, les ingénieurs romains ont d'ailleurs construit une vingtaine de puits pour franchir une pente de 28 %. Sur son parcours de 6,5 km environ, l'aqueduc devait disposer de près de 28 puits. La canalisation mesure 1,40 m de hauteur sous clé et 0,80 m de largeur. L'intérieur du canal, construit en moellons de granite liés au mortier, est imperméabilisé par un enduit hydraulique sur 0,90 m de hauteur. Des regards de visite permettaient la surveillance et l'entretien du conduit : il s'agit de dalles de granite percées d'un orifice circulaire et obturées par un tampon de pierre.

Au terme de son parcours au faubourg Saint-Blaise, l'aqueduc de Montjeu était rejoint par l'aqueduc

Jet d'eau en forme de pomme de pin en marbre et plomb. La pomme de pin est percée d'un canal vertical et dotée de quatre petits conduits garnis de plomb qui débouchent au sommet. Musée Rolin.

Plan et coupe réalisés au XIXe siècle d'un puits de rupture de l'aqueduc de Montjeu. Un canal d'arrivée (amont) est connecté à un puits de profondeur variable, à la base duquel se présente un canal de fuite (aval). Ce dispositif permet de ralentir la vitesse du courant.

de Montdru. Ce dernier, en grande partie détruit, est connu grâce aux relevés du XIXe siècle : long de 4 km environ, il mesure en moyenne 1,30 m de hauteur pour 0,80 de largeur et le mode de construction du canal est identique à celui de l'aqueduc de Montjeu.

Une fois réunis, les deux aqueducs ne formaient qu'un seul conduit pénétrant dans la ville par le sud. L'emplacement du *castellum aquae* reste encore à découvrir, mais il faut le situer dans les quartiers hauts de la ville afin de pouvoir desservir le plus grand nombre d'habitants. Le dernier tronçon d'aqueduc reconnu *intra-muros* est localisé dans l'îlot XIV 7, secteur qui pourrait coïncider avec celui du château d'eau.

Si la quantité de tuyaux en bois, en plomb et en terre cuite mis au jour demeure faible, l'existence d'un système de distribution à partir d'une structure de rétention d'eau est incontestable. Celui-ci desservait les fontaines publiques, les habitations privées et les thermes. Plusieurs riches *domus* étaient raccordées au réseau d'eau public (maisons du Clos Jovet, de Balbius Iassus, à l'Étui d'or) : l'eau était un élément important de la scénographie des intérieurs dont témoigne la découverte de nombreuses vasques en marbre et fontaines privatives. Les traces de fontaines publiques sont ténues (peut-être dans les îlots XI 11, XI 12, XII 11). Mais les puits (40 ont été identifiés), implantés notamment dans les

Écorché pratiqué dans un égout longeant une rue. Il évacuait les eaux usées collectées sur l'îlot du faubourg d'Arroux. Le fond du canal (d'environ 1,50 m de hauteur sous voûte) est constitué d'un dallage en briques.

cours des habitations et/ou ateliers, venaient compléter le réseau.
Un vaste système d'assainissement a été conçu en s'adaptant à la fois à la topographie et aux bâtiments qu'il desservait. Une soixantaine de caniveaux creusés, coffrés ou monolithes, ont été reconnus le long des voies. Cinq à six égouts collecteurs (de 2 m de largeur et de hauteur) ont été édifiés dès la création de la ville, puisqu'ils s'affranchissent de la trame viaire. Le réseau d'égouts secondaires s'est constitué peu à peu, en suivant globalement l'orientation des rues : ceux-ci présentent un mode de construction classique en maçonnerie et briques pour le radier. Les 57 égouts recensés aujourd'hui témoignent de la densité de ce dispositif qui évacuait les eaux usées vers l'Arroux.

Intérieur de l'aqueduc de Montjeu : on voit dans la partie inférieure la couche de mortier hydraulique tapissant les parois.

Proposition de restitution d'une maison d'époque tibérienne fouillée sur le site du faubourg d'Arroux.

L'occupation urbaine à l'époque augusto-tibérienne : premiers indices à partir de la fouille du faubourg d'Arroux

Les fouilles réalisées par l'Inrap en 2010 au faubourg d'Arroux ont permis de mettre au jour un grand ensemble de vestiges des périodes augustéenne et tibérienne. La fin de la période tibérienne a en effet vu une modification complète de l'îlot urbain sondé. Les couches précoces ont été pour la plupart scellées sous des remblais de démolition, qui les isolent des vestiges ultérieurs.

L'analyse fine des vestiges et du mobilier céramique a montré la présence d'un des rares ensembles proprement augustéens connus, distinct de l'état tibérien qui, lui, regroupe la plus grande partie des découvertes précoces. On a affaire à quelques bâtiments dispersés, construits en matériaux périssables (bois, terre crue, torchis, etc.), des fossés et des fosses dépotoirs, ainsi qu'un niveau de sol empierré qui traverse toute l'emprise de la fouille. Les céramiques les plus précoces remontent au plus tôt à 10-5 av. J.-C. et les structures de cette période sont datées en majorité des années 1 à 10 de notre ère. Elles présentent la particularité notable d'avoir une orientation divergente de la trame urbaine antique classique. Faut-il y voir l'indice que cette dernière a été mise en place dans les dernières années du règne d'Auguste, ou cela ne s'applique-t-il qu'à cet îlot ?

Antéfixe représentant un visage juvénile encadré par deux motifs en forme de S.

Cette tête datée du début du Ier siècle de notre ère représente une figure dans la tradition gauloise.

La série de vestiges qui leur succèdent à la fin du règne d'Auguste va perdurer jusque vers 40 apr. J.-C. Ils correspondent à une série de bâtiments en matériaux périssables (sur poteaux et sablières basses). La plupart sont disposés sur des espaces en lanière perpendiculaires le long de la voie publique qui borde l'îlot au nord-est suivant l'orientation de la trame urbaine. La régularité des espacements permet d'envisager des parcelles. On retrouve souvent une organisation tripartite : bâtiment principal à l'avant, cour à l'arrière et un bâtiment plus modeste en fond de cour. Cette structuration se rencontrera dans d'autres proportions dans les périodes ultérieures. Une grande fraction de l'espace reste ouverte, en particulier dans les parties internes de l'îlot, ce qui ne sera plus le cas à partir du milieu du Ier siècle de notre ère. Si certains bâtiments ne semblent dédiés qu'à l'habitat, une bonne part de l'espace est consacrée à des activités artisanales. La façade nord-est de l'îlot est centrée sur la métallurgie du fer. Juste en arrière, un long bâtiment correspond à une stabulation et à une zone d'abattage de bétail.

L'examen du mobilier laisse voir des influences méditerranéennes et une connexion privilégiée avec le bassin Saône-Rhône (Chalon-sur-Saône). On retrouve par exemple dans ces modestes bâtiments toute une série d'antéfixes* en terre cuite décorées. Plus anecdotique, un bras de poupée en terre cuite d'origine méditerranéenne a été découvert.

Mais en général, le mobilier céramique est marqué par les productions chalonnaises. Quant aux monnaies, la grande majorité d'entre elles sont des frappes lyonnaises (avec une prédominance des bronzes dits à l'Autel des Trois Gaules, évoquant l'autel du sanctuaire fédéral des Trois Gaules érigé en 12 av. J.-C. à la confluence de la Saône et du Rhône, voir p. 33).

Les quartiers monumentaux

Les monuments majeurs d'Autun, on l'a signalé ci-dessus, sont situés en façade occidentale du *cardo maximus*, la seule rue d'Autun à être bordée (au moins sur une partie de son tracé) par d'imposants portiques à arcades, dont les vestiges ont été fouillés par Alain Rebourg (fouille de la maison de retraite).

Le forum

Comme toutes les villes de l'Occident romain, *Augustodunum* possède un forum qui constitue le principal élément public de l'urbanisme de la cité. Ce complexe architectural associe le siège du pouvoir politique (l'assemblée des notables de la cité, ou curie) ; un ou des lieux de culte illustrant l'adhésion de la communauté au système politique impérial (un temple du culte impérial ou un capitole) ; une basilique permettant entre autres de rendre la justice. Cet ensemble constitue en lui-même un symbole de l'autonomie civique des communautés intégrées dans l'Empire.

Contrairement à d'autres villes de Gaule, Autun n'a pas conservé de vestiges significatifs de son forum. En revanche, il est l'un des seuls à être évoqué, de manière certes allusive, dans un texte antique. En 298, le discours d'Eumène*, directeur des écoles d'Autun, a en effet été prononcé en son sein, dans le « siège de la justice » (la basilique), devant le gouverneur de la province de Lyonnaise et l'assemblée des notables de la ville (les membres de la curie). Un autre passage suggère qu'il comprend un capitole devant lequel se trouvent des autels. Nos prédécesseurs ont généralement considéré qu'il s'agissait d'un sanctuaire distinct du forum, alors que la plupart des sites comparables de l'époque impériale (Dougga, Ostie, Pompéi, Thuburbo Majus, Vérone, etc.) laissent penser au contraire qu'il s'agit probablement d'un des principaux – ou du seul – temples du forum.

La localisation du forum de la ville d'*Augustodunum* demeure incertaine (voir plan p. 18). Au XIXe siècle et jusque dans les années 1980, on

Fragment de corniche en calcaire découvert à l'emplacement présumé du forum et conservé au musée lapidaire. Il provient d'un monument de très grandes dimensions (voir la restitution des colonnes p. 62).

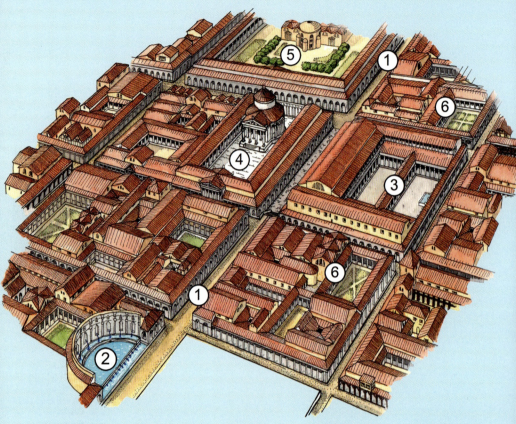

Hypothèse de restitution du centre monumental

1. *Cardo maximus*

2. Monument place de Charmasse (nymphée ?)

3. Monument boulevard Latouche - parking Hexagone (Écoles méniennes ?)

4. Hôpital Latouche - pavillon Saint-Louis (sanctuaire à Apollon, portique monumental à arcades bordant le *cardo maximus*)

5. Hôpital Latouche - sud Marchaux (thermes monumentaux ?)

6 bas. Hexagone (*domus* à pavements dites de Balbius Iassus et à l'Étui d'or)

6 haut. Boulevard Latouche - maison de la petite enfance (*domus* à pavements)

a supposé qu'il se trouvait sous le quartier médiéval de Marchaux, situé au centre de la ville antique. À cet endroit se croisent la principale rue antique d'orientation nord-sud (*cardo maximus*) et les deux rues rejoignant les portes orientale (porte dite Saint-André) et occidentale (porte dite Saint-Andoche) (voir ci-dessus, p. 51-53).

L'argumentation se fonde sur la topographie (la position du quartier de Marchaux au centre et au carrefour des principales rues de la ville romaine) et sur l'existence de nombreuses mentions médiévales qui désignent ce quartier sous le nom de forum Marciale.

En 1985 et 1986, deux portiques monumentaux ont été dégagés plus au sud, le long du *cardo maximus*, sous l'ancien hôpital (fouilles de la maison de retraite et du pavillon Saint-Louis). Le portique du site du pavillon Saint-Louis a été occupé à la fin de l'Antiquité par un atelier de récupération de blocs architecturaux en marbre de très grande qualité, ce qui a conduit nos prédécesseurs à penser que ces blocs provenaient du démantèlement du forum, qui se serait donc trouvé sous l'ancien hôpital d'Autun.

Des recherches récentes semblent néanmoins confirmer la localisation proposée au XIXe siècle, notamment parce que l'îlot antique situé sous l'hôpital moderne d'Autun abrite un vaste temple de plan gallo-romain, dont la présence sur un forum paraît impossible. Au final, le quartier de Marchaux a révélé depuis plus d'un siècle des éléments d'architecture monumentale et des fragments d'inscriptions sur plaques de marbre qui peuvent suggérer la présence du forum à cet emplacement.

Entre la rue de la Vieille-Halle et la rue Guérin, un énorme massif de maçonnerie en *opus caementicium** a été reconnu en 1857 : il atteignait une épaisseur d'au moins 5 à 6 m. Ce massif, qui s'étend vraisemblablement sous une partie du quartier de Marchaux, a été identifié en plusieurs points sous les habitations voisines, sur une superficie d'au moins 1 000 m². Il est formé de pierres brutes noyées dans le mortier et son revêtement, à en juger par une partie de la façade qui a été mise au jour, se composait d'un petit appareil régulier. Un monument considérable devait s'élever à cet endroit, car on y a trouvé un très

Statue en grès de personnage masculin nu, grandeur nature, représentant probablement une divinité. Elle ornait sans doute un édifice public. Elle a été découverte à la caserne Changarnier et est actuellement conservée au musée lapidaire Saint-Nicolas.

À droite, proposition de restitution de l'ordre en calcaire issu des différents fragments découverts dans le quartier de Marchaux, à l'emplacement présumé du forum (colonne haute d'une vingtaine de mètres appartenant au temple du forum ?). À gauche, proposition de restitution d'un des ordres en marbre de Carrare appartenant au probable temple d'Apollon (colonne haute d'une douzaine de mètres).

beau bloc de calcaire blanc ayant appartenu à un entablement*, et des fragments architecturaux en marbre blanc. Seul l'élément de corniche en calcaire coquillier, réduit à un modillon et un fragment de cimaise, large de 0,53 m, a été conservé. Ces proportions indiquent que ce fragment provient de l'entablement d'un monument de très grandes dimensions.

À une vingtaine de mètres au nord de ce massif, en 2001, les travaux sur les réseaux d'assainissement de la rue de la Vieille-Halle ont révélé un massif de fondation arasé en *caementicium*, long d'au moins 37 m et large de plus de 1,80 m, orienté selon la trame viaire antique, mais dont les extrémités tout comme les parois n'ont pu être observées.

Outre ces structures, il faut noter la découverte dans ce secteur, en 1839 et en 1846, d'une quantité considérable de fragments d'inscriptions en marbre (plus de 1 200). Il semble s'agir d'une ou de plusieurs longues inscriptions à caractère public, dont l'étude est en cours. Compte tenu des noms et des termes techniques qui peuvent être restitués (*Tiberius*, *Caesar*, *Augustus*, *Messala*, ainsi que *praeceptum*, *leges*, *Gallia*, *provincia*, *heredes*…), on peut émettre l'hypothèse qu'il s'agit là de textes officiels du Ier siècle de notre ère, peut-être de nature différente : un discours, une ou des *epistulae*, un sénatus-consulte. Ces fragments d'inscriptions publiques permettent d'entrevoir l'histoire de la vie municipale des Éduens.

Plus à l'est, de l'autre côté du *cardo*, en « déblayant l'emplacement occupé aujourd'hui par le musée lapidaire, on a découvert en 1863,

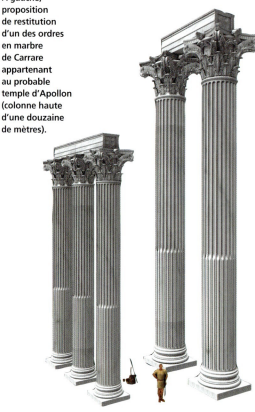

de nombreux débris de marbres précieux, une main de statue en marbre mutilée, de larges murs enfouis à une profondeur de six mètres […]. L'un de ces murs, épais de 1,14 mètre [mis au jour sur une longueur de 7 mètres], est construit en moellons séparés à une hauteur imprécise du sol romain par un cordon de deux briques superposées. Il s'agit de gros murs à contreforts, bordant [au sud] la rue qui mène à la porte Saint-André » (Deléage et Fontenay, 1872).

Peut-être l'énorme massif de *caementicium* de la rue de la Vieille-Halle correspond-il au podium* d'un temple. Le mur muni de contreforts, observé sur une hauteur de 6 m dans l'îlot plus à l'est, pourrait appartenir quant à lui à un crypto-portique*. On pourrait donc supposer que le forum s'étendait d'est en ouest sur deux îlots, était séparé par le tracé du *cardo maximus* et mesurait 240 m sur 160, pour une surface de 3,84 ha, ce qui ne paraît pas exceptionnel pour une ville de la taille d'*Augustodunum*.

Quelques-uns des 1 200 fragments d'inscription antique en marbre pentélique (provenant de la région d'Athènes, en Grèce), découverts au XIXe siècle à l'emplacement présumé du forum et actuellement en cours d'étude. Il est ici fait mention de Valerius Messala, grand sénateur romain du Ier siècle.

Sur ces trois relevés inédits, on peut lire les mots « Caesar » et « Tiberis ».

Évocation du temple d'Apollon retrouvé. Les portiques à arcades longent une vaste place dallée de calcaire sur le tracé du *cardo maximus*. L'îlot d'en face pourrait avoir accueilli les Écoles méniennes.

Les sanctuaires et lieux de culte

Le temple d'Apollon retrouvé

Comme évoqué plus haut, la fouille du pavillon Saint-Louis en 1986 a fourni de nombreux éléments architecturaux et sculpturaux en haut relief en marbre blanc. Ce secteur avait livré depuis le XVIIe siècle de nombreux morceaux d'architecture marmoréenne et il était considéré depuis longtemps comme un quartier monumental de la ville antique (en 1986, comme on l'a dit, on voulait y voir l'emplacement du forum). L'étude architecturale montre l'homogénéité du corpus lapidaire et suggère que les fragments sont issus du démantèlement d'un seul et même complexe, ostentatoire et d'une très belle qualité de construction. Cette recherche a permis de restituer certaines élévations d'origine. Il a ainsi été possible de déduire

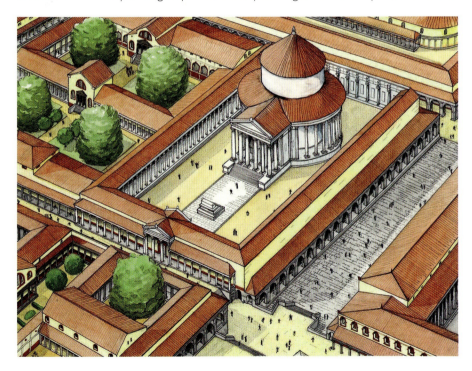

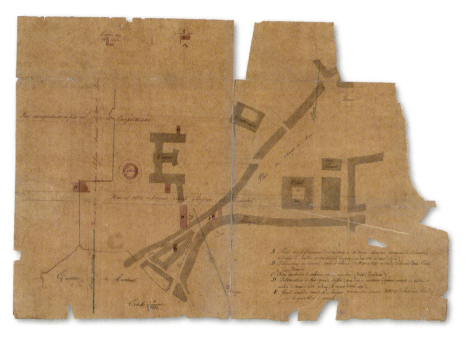

Plan du XIXe siècle montrant les vestiges antiques retrouvés sur le site de l'hôpital, avec mention d'un grand temple circulaire à plan centré (interprété à l'époque comme le Capitole).

que l'on se trouvait en présence de quatre ordres corinthiens complets de grande taille, la plus grande colonne atteignant une douzaine de mètres de hauteur. L'analyse pétrographique indique qu'il s'agit de prestigieux marbre de Carrare, en Toscane. Ces colonnades s'intégraient donc très probablement dans un grand temple corinthien et ses annexes, datés (par comparaison des registres décoratifs) entre le début du règne de Claude et la fin de celui de Néron.

Parallèlement, une recherche dans les archives de la Société Éduenne a permis de retrouver un plan de la fin du XIXe siècle, qui localise précisément une ruine monumentale circulaire jouxtant le site du pavillon Saint-Louis. Les dimensions et la forme de cette structure, strictement équivalentes en plan à celles de la tour de Vésone à Périgueux, évoquent un vaste temple de tradition gauloise, c'est-à-dire d'un type que l'on ne rencontre jamais sur un forum. Les élévations restituées

Dédicace à Apollon et Artémis rédigée en grec, retrouvée dans l'îlot où s'élevait le temple présumé d'Apollon. Musée Rolin.

La nature du matériau employé pose la question du financement considérable qui a été nécessaire à la réalisation de ce programme, les carrières de Carrare étant depuis César la propriété exclusive du *princeps*. Toutefois, les Éduens entretenaient un rapport privilégié avec l'empereur Claude qui avait admis des édiles éduens au Sénat de Rome à peu près au moment où ce chantier commençait. Les inscriptions antiques découvertes à Autun suggèrent la présence d'autres sanctuaires, qui sont encore mal connus ou non localisés.

pourraient correspondre à ce monument.
Parmi les découvertes anciennes précédemment citées figure une stèle qui porte une dédicace en grec à Apollon et Artémis. Cet ex-voto permet de poser l'hypothèse d'un grand sanctuaire à Apollon qui aurait adopté la forme d'un *fanum** circulaire monumental, dont la ruine est restée visible jusqu'au XIXe siècle. Il pourrait alors s'agir du temple apollinien mentionné par le rhéteur Eumène.

Un sanctuaire de la déesse Bibracte ?

En 1679, dans les jardins de l'actuel lycée militaire, « on trouva dans un puits [...] un chaudron plein de médailles dont les moins anciennes étaient de Valentinien, avec quelques autres monuments d'antiquités. La pièce la plus curieuse était une plaque de cuivre rouge à deux oreilles [...] sur laquelle on lisait "DEAE BIBRACTI / P CAPRIL PACATVS / IIIIIVIR AVGVSTALIS / VSLM" (À Dea Bibracte, Publius Caprilius Pacatus, *sévir* augustal*, en accomplissement de son vœu). Près de là, on trouva deux marbres sur lesquels étaient cette même inscription, *Deae Bibracti*, avec les jambes d'une figure de femme ».

Dès le XVIIIe siècle, certains auteurs ont paru douter de l'authenticité de la découverte et, en 1987, Claude Rolley a même avancé que la plaque en cuivre était un faux du XVIIe siècle. D'autres chercheurs pensent que les inscriptions sur pierre étaient authentiques et qu'elles étaient sans doute la source d'inspiration de la plaque, s'il s'agit bien d'un faux. La valeur de ces témoignages semble renforcée par une découverte effectuée à la même époque (1688) dans l'îlot voisin. En creusant le bassin circulaire de l'actuel lycée militaire, on a alors mis au jour « un bâtiment romain de quatre-vingts pieds [environ 27 m] en carré, dont les murs avaient quinze pieds d'épaisseur [environ 5 m] ; le pavé était de marbre incrusté » et les murs revêtus de moellons. Les structures décrites évoquent un temple de plan gallo-romain, comparable par ses dimensions au temple de Janus.

Dédicace à la déesse Bibracte sur plaque de bronze, dessin réalisé au XIXe siècle. Album Roidot-Deléage, t. 2, pl. 2.

L'importance symbolique de la présence d'un lieu de culte d'une divinité portant le nom de l'ancien oppidum à l'intérieur de la nouvelle capitale de cité est assurée.

Un sanctuaire d'Anvallos

Trois inscriptions trouvées au nord-ouest de la ville antique suggèrent la présence d'un sanctuaire du dieu Anvallos, qui n'est connu qu'à Autun. La plus ancienne (peut-être de la première moitié du Ier siècle de notre ère) est une dédicace en langue gauloise, provenant de la rue de la Grange-Vertu, qui indique que « Contextos a offert / construit un *canecosedlon* à Anvallos ». Deux autres inscriptions latines, découvertes en 1900 à proximité

Petit autel en calcaire, portant l'inscription « Consacré à la divinité auguste, au dieu Anvallus, Norbaneius Thalius, *gutuater* » (trad. A. Rebourg). Il a été découvert à la gare ferroviaire à la fin du XIXᵉ siècle. Musée Rolin.

L'un des deux piliers à quatre dieux en calcaire découvert en 1979 à Autun, rue de la Grille. Cette face représente Minerve casquée, portant une tunique et munie de l'égide, une lance le long de son flan droit et la main gauche posée sur un bouclier. Ce type de monument sculpté sur quatre faces est fréquent en Gaule, surtout dans le nord-est ; plusieurs dés pouvaient être superposés pour constituer un véritable pilier historié, comme celui des Nautes à Lutèce. Musée Rolin.

de la gare, sont des ex-voto à l'empereur et au dieu Anvallos, effectués par des prêtres portant le titre de *gutuater*.

Alain Rebourg a proposé de situer le sanctuaire d'Anvallos près de la gare, où ont été trouvées les deux inscriptions latines. Cette hypothèse, reprise dans des ouvrages récents, ne peut être acceptée car elle repose sur une mauvaise interprétation du plan de la fouille. Notons en outre que la dédicace en langue gauloise a été mise au jour près de 200 m plus au sud, ce qui pourrait aussi bien être un indice de la localisation du sanctuaire dans ce secteur.

D'autres sanctuaires *intra-muros* ?

Deux inscriptions, découvertes dans des circonstances mal connues, complètent le paysage religieux d'*Augustodunum*. L'une d'elles, trouvée sous l'Ancien Régime, est une dédicace à Jupiter ; l'autre est un ex-voto à la déesse Tutelle, gravé sur un socle et mis au jour vers 1900 dans un îlot d'habitation, vraisemblablement hors de son contexte d'origine.

Un paysage religieux très gallo-romain…

L'existence d'un temple monumental d'Apollon et d'un sanctuaire de la triade capitoline (sans doute le temple du forum) ne peut atténuer le constat qu'*Augustodunum*, souvent présentée comme exemple de la cité gauloise romanisée, possède des cultes et des sanctuaires qui revêtent des caractères très gallo-romains.

Les inscriptions constituent un élément clé de cette démonstration, car elles attestent la coexistence probable dans les sanctuaires de nombreuses divinités gallo-romaines (Bibracte, Anvallos) aux prêtrises spécifiques (*gutuater* d'Anvallos) et de rares divinités plus typiquement gréco-romaines. Quant aux temples connus ou présumés (temple d'Apollon, temple de Bibracte), ils présentent un plan nettement gallo-romain en dépit d'un décor architectural parfois très romanisé. Ainsi, la description des sanctuaires d'Autun par Eumène en 298 semble très éloignée de la réalité archéologique : le paysage religieux qu'il dépeint, où ne subsistent que la triade capitoline et Apollon, paraîtrait presque un stéréotype si l'importance du culte d'Apollon n'était pas confirmée en territoire éduen par un nombre élevé d'inscriptions.

Les ensembles thermaux

Comme pour la plupart des cités antiques, *Augustodunum* possédait un ou plusieurs ensembles thermaux. Grands consommateurs d'eau, les thermes les plus vastes sont souvent alimentés par un aqueduc. Un passage du *Discours de remerciement à Constantin* de 311 évoque la restauration des thermes de la ville par l'empereur Constance Chlore, qui fournit des subsides pour reconstruire les pièces chauffées (*caldaria*) des bains. Ces édifices sont cependant mal localisés, faute de découvertes récentes.

Au sud de Marchaux : un ensemble thermal ou une partie du centre monumental ?

Le sud du quartier de Marchaux est occupé par un vaste complexe monumental, qui pourrait correspondre à un ensemble thermal (voir restitution p. 60).

En 1894, lors de la pose des égouts dans la rue Guérin, on a découvert

Dieu-fleuve en marbre découvert vers 1640 entre l'Arroux et les remparts. Ce type de statue ornait une fontaine en plein air ou bien située à l'intérieur d'un édifice (thermal par exemple). Musée Rolin.

plusieurs maçonneries de 0,80 à 1,50 m de large, dont une abside ou exèdre de 22 m de diamètre, recouverte d'une couche de béton hydraulique de 18 cm d'épaisseur. À l'extrémité septentrionale de la rue, les travaux ont permis d'observer une importante couche de débris épaisse de 5 m qui ne peut provenir que d'un bâtiment public. Plus à l'est, près du boulevard Latouche, on signale en 1983 des murs de 1,50 m de large, un bassin, « des fragments de corniche en marbre, deux tronçons de colonne ». À l'ouest de ce secteur, au sud de l'enceinte de Marchaux, se trouvait au XVIIe siècle « un grand espace fermé par une muraille dont on suit les vestiges jusqu'à la ville de Marchaux ». On aurait trouvé dans ce secteur, selon l'historien du XVIIe siècle Edmée Thomas « des corniches, entablements, frises, architraves*, colonnes, bases et chapiteaux de marbre, des pierres de porphyre enchâssées parmi les charbons, des fragments de statues, des pierres d'une grandeur extraordinaire et de grands pavements […]. Parmi ces ruines, on a découvert une pierre de section quadrangulaire, sorte d'obélisque haut de vingt-quatre pieds [environ 8 m], enrichie de targes et rondelles, de fers de javelines, de haches et autres attributs militaires, taillés de relief dans la pierre ».

Au centre de l'îlot, deux diagnostics archéologiques récents ont permis d'observer un mur arasé de 1,50 m de large, un niveau de cour sur une superficie minimale d'au moins 1 600 m^2, de nombreux éléments de tubulures d'hypocauste* et 729 fragments d'*opus sectile**, essentiellement en marbre d'importation.

L'interprétation des découvertes de cet îlot est difficile, mais la présence de tubulures et de bassins, le fait que les deux principaux collecteurs d'eaux usées de la ville antique rayonnent à partir de ce quartier et que l'îlot soit situé en aval de l'aqueduc de Montjeu laissent penser qu'il abritait un très vaste ensemble thermal.

L'édifice des Champs d'Aligny : un ensemble thermal public de taille modeste ?

Ce bâtiment a fait l'objet de fouilles à la fin du XIXe et au début du XXe siècle sur une superficie d'environ 1 500 m². La découverte de dallages, de mosaïques, de fragments architecturaux (chapiteaux, fragments de pilastres), d'hypocaustes, mais également de plusieurs bassins associés à des égouts conduit à conclure que cet édifice était un

Plan de l'édifice des Champs d'Aligny, dégagé à la fin du XIXe siècle aux environs de la gare. Album Roidot-Deléage, recueil *Augustodunum*, pl. XV.

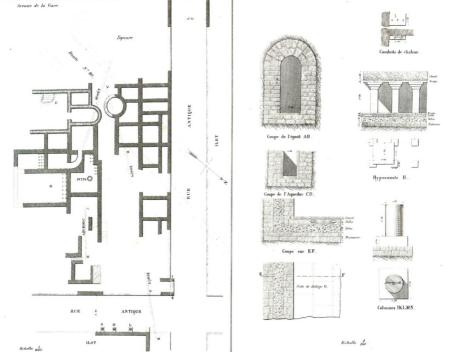

ensemble thermal. Dans le détail, trois piscines d'assez grande taille ont été mises en évidence : la première, circulaire, de 5 m de diamètre, est revêtue d'un dallage de marbre ; la deuxième, quadrangulaire, et la troisième, hémicirculaire, respectivement d'une quinzaine et d'une trentaine de mètres carrés de superficie, sont toutes deux enduites de béton de tuileau. L'analyse du plan suggère que l'édifice est constitué de salles froides (*frigidarium*) à l'ouest et de salles chauffées (*caldarium*, *sudatorium*) à l'est, flanquées d'un espace ouvert, de type palestre* dans la moitié sud de l'îlot. Il pourrait s'agir de thermes publics de taille assez modeste.

Le monument de la place de Charmasse : un nymphée ?

Jusque très récemment, de nombreux auteurs ont voulu voir dans ces vestiges en élévation les restes du temple d'Apollon cité par les textes antiques, qui aurait eu l'aspect d'un édifice à plan centré d'une cinquantaine de mètres de diamètre. L'hypothèse d'un temple peut cependant être réfutée pour de simples raisons architecturales. Un tel diamètre semble incompatible avec la présence d'une couverture : par comparaison, le diamètre de la fameuse coupole du panthéon d'Agrippa à Rome (une véritable prouesse !) n'est « que » de 43 m. Par ailleurs, même si cela était possible, l'édifice empiéterait sur la chaussée du *cardo maximus*, ce qui est absolument inconcevable.

Il paraît plus raisonnable d'envisager une vaste exèdre dont la partie concave, munie de niches garnies de statues, aurait été ouverte sur la rue principale (seule l'une de ces niches est actuellement conservée). La découverte avant 1610 de fragments de sculpture monumentale, malheureusement non conservés, tels qu'« une grosse tête chevelue » et « la moitié d'une main de marbre blanc colossale », pourrait corroborer cette hypothèse. En 2005, à une cinquantaine de mètres en amont, en se dirigeant vers le monument, la mise au jour de deux conduites maçonnées, probablement destinées à la circulation d'eau potable, semble confirmer que l'on est en présence d'un nymphée.

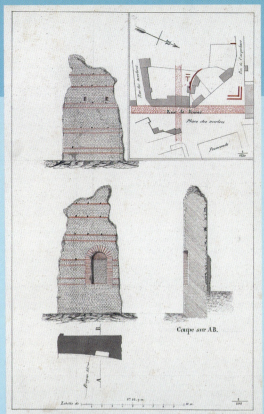

La face méridionale conservée du monument de la place de Charmasse.

Plan et élévations du monument place de Charmasse réalisés au XIXe siècle. *Autun ancien et moderne*, vol. 1, pl. 122.

Cliché et relevé de la niche, réalisés en 2008 à l'occasion de travaux d'entretien des vestiges.

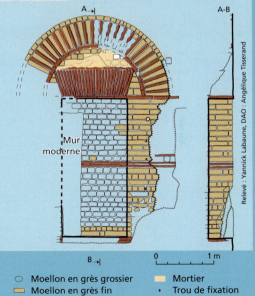

Relevé : Yannick Labaune, DAO : Angélique Tisserand

○ Moellon en grès grossier
   Moellon en grès fin
   Terre cuite architecturale
   Mortier
 · Trou de fixation

Le quartier des spectacles

La périphérie orientale de la ville était dotée d'un quartier entièrement dédié au divertissement, où se côtoyaient deux vastes édifices de spectacle – un théâtre et un amphithéâtre – à proximité de l'enceinte d'origine augustéenne. Ils présentaient de grandes similitudes architecturales, et l'on suppose qu'ils ont été construits sensiblement à la même époque, sous le règne des Flaviens (fin du Ier siècle apr. J.-C.), peut-être à la place d'édifices antérieurs bâtis en matériaux périssables. Il s'agit très certainement d'un projet d'urbanisme cohérent, en grande partie intégré à la trame viaire. De nouvelles fouilles archéologiques permettraient de préciser différents points qui restent en grande partie hypothétiques.

L'architecture et le plan du théâtre d'Autun s'inspirent très largement des modèles classiques de l'Italie romaine. L'espace semi-circulaire

Restitution du quartier des spectacles, en périphérie orientale de la ville.

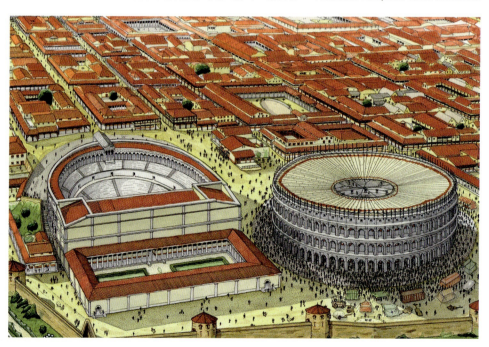

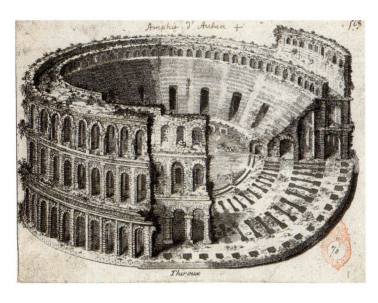

L'amphithéâtre d'Autun à la fin du XVIIe siècle avant son démantèlement. Extrait d'une planche de B. de Montfaucon, *L'Antiquité expliquée*, 1719, t. 3-2, p. 262.

devant la scène s'appelle l'*orchestra* : il accueille les sièges honorifiques des premiers rangs, l'équivalent de nos fauteuils d'orchestre. Les spectateurs, en fonction de leur rang social, se répartissent ensuite sur trois rangées de gradins (*cavea*) séparées par des paliers (*praecinctiones*), au moyen d'un réseau complexe d'escaliers partiellement souterrains. Actuellement, seules les deux premières rangées de gradins, qui s'appuient sur une colline naturelle, sont partiellement conservées : ces vestiges ont été en grande partie restaurés durant les années 1930.

La dernière rangée, entièrement aérienne, s'est quant à elle effondrée : le sommet de l'édifice atteignait la cime des tilleuls actuels, surplombant de plus de 30 m l'*orchestra*. Le dispositif scénique, mal conservé et non fouillé, est très mal connu.

Les dimensions du monument sont considérables : d'une capacité d'accueil de l'ordre de 20 000 spectateurs, son diamètre de près de 148 m en fait le plus vaste théâtre de l'Empire romain, avec celui de Pompée à Rome. Les spectacles offerts par de riches citoyens, les

Vestiges du théâtre intra-urbain. Au second plan, on aperçoit la maison dite des Caves Joyaux, construite au XIXe siècle pour accueillir un gardien (de nombreuses stèles antiques ont été utilisées pour décorer la façade).

évergètes*, sont mal connus. On estime toutefois qu'il ne s'agissait pas forcément de représentations théâtrales, tragédies ou comédies, comme dans nos théâtres modernes, mais de spectacles plus proches de nos revues de music-hall, dans lesquels se succédaient mimes et pantomimes, grandes parades, numéros d'acrobates et intermèdes musicaux.

L'amphithéâtre, complètement détruit, n'est connu que par des mentions anciennes, une gravure de 1610 qui nous donne son aspect avant sa destruction et un plan des vestiges exhumés au XIXe siècle. Ses dimensions totales sont de 154 m sur 130 m : il s'agit là, avec celui de Poitiers, du plus grand amphithéâtre de Gaule actuellement connu. On y voyait se produire des simulacres de chasses (*venationes*), ainsi que des combats d'animaux et de gladiateurs (*ludi*). Tacite nous rapporte qu'une école de gladiateurs existait à Autun dès le règne de Tibère, mais les fouilles archéologiques réalisées jusqu'à présent n'ont pas permis de la localiser.

L'habitat

L'habitat modeste : l'exemple du faubourg d'Arroux

À Autun, les demeures « modestes », par opposition aux riches *domus* connues dans le centre de la ville, ont surtout été mises au jour dans des quartiers presque exclusivement artisanaux. Les fouilles du faubourg d'Arroux menées par l'Inrap en 2010 ont été l'occasion de porter un regard neuf sur les vestiges de ce quartier périphérique, qui mêle depuis son origine activités artisanales et habitats.

La période augusto-tibérienne est caractérisée par des constructions en matériaux périssables (sur poteaux et sablières basses) avec des sols en terre battue. On retrouve souvent une organisation tripartite : un bâtiment principal devant, une cour à l'arrière et une construction plus modeste en fond de cour. Typiquement, les bâtiments principaux ont des dimensions d'environ 9 m sur 6. Il est peu probable qu'ils aient eu un étage. Les couvertures sont soit végétales (chaume), soit en tuiles (présence d'antéfixes). L'ensemble d'une unité occupe des espaces de l'ordre de 18 m sur 6.

À partir du milieu du Ier siècle de notre ère, on voit apparaître la pierre

Évocation d'une maison modeste dégagée au faubourg d'Arroux, dans son état du IIIe siècle.

Petite pièce chauffée par hypocauste (faubourg d'Arroux).

La déesse gauloise Épona assise sur un cheval (faubourg d'Arroux), statue en calcaire.

et le mortier dans l'architecture. La partie sondée de l'îlot est presque entièrement remaniée vers l'an 40. L'occupation se densifie beaucoup. Par ailleurs, les unités de bâtiments mises en place à la période flavienne ou, pour certaines, au milieu du IIe siècle, resteront dans les mêmes limites, malgré des remaniements, jusqu'à la fin du IIIe siècle, voire au-delà. Dans de nombreux cas, on retrouve l'organisation tripartite des débuts, mais sur des espaces d'environ 30 m de long pour 10 à 15 m de large. Un bâtiment occupe toute la largeur de la « parcelle » sur sa partie avant (pour une profondeur de 10 à 15 m). À l'arrière sont placés une cour et, le plus souvent, un bâtiment situé soit sur son extrémité, soit sur un côté. La cour peut s'agrémenter d'une galerie qui relie la construction arrière au bâtiment principal. Cette dernière accueille généralement les activités artisanales. Certains bâtiments arrière, loin d'être de simples annexes, adoptent une architecture soignée et comportent des équipements d'agrément (hypocauste, galerie de façade, enduits peints figurés…). L'une des maisons étudiées ne présente pas cette organisation. Elle possède un plan avec des ailes qui flanquent une cour centrale, selon une tradition méditerranéenne plus classique.

À partir de la période flavienne au moins, on peut envisager la présence d'un étage. Les reconstructions du IIe siècle de notre ère, aux murs profondément fondés, en accueillent avec certitude. Les fouilles de deux caves ont montré que ce type d'aménagement a rapidement été abandonné à la fin du Ier siècle apr. J.-C. Plus généralement, l'évolution du quartier témoigne d'une amélioration et d'une complexification constantes des bâtiments jusqu'au IVe siècle. Ce phénomène est visible aussi sur les installations domestiques. Si quelques sols en tuileau sont présents dès le Ier siècle apr. J.-C., ils sont plus nombreux dans les deux siècles suivants. Certains sont également décorés de fragments de marbre incrustés. De même, c'est à cette période que de petits hypocaustes, installés dans des pièces chauffées de taille modeste, voire dans de petits balnéaires, viennent équiper les maisons. Les décors architecturaux sont relativement riches avec des

Statue en calcaire d'Apollon à la lyre (faubourg d'Arroux).

Ensemble d'objets en os (cuillère, charnière, épingle à cheveux, aiguilles à coudre, dé à jouer) découverts au faubourg d'Arroux.

Étui pendentif en or de la fin du IIIe ou du IVe siècle, retrouvé dans la maison à laquelle il a donné son nom. Il comporte une inscription grecque, « EUPHORI », équivalent de la formule latine *Utere felix* (« Réjouis-toi »), fréquente sur les vases. Musée Rolin.

enduits peints figurés, des placages de marbre ou de calcaire. On retrouve également de la statuaire classique de belle facture. Quatre puits permettaient l'approvisionnement en eau ; trois d'entre eux sont installés dans des murs de façade et sont accessibles à la fois depuis les maisons et depuis l'espace public. L'architecture des bâtiments découverts au faubourg d'Arroux dépasse largement les simples fonctions utilitaires, même si la sophistication parfois inattendue dans un quartier marqué par l'artisanat n'atteint pas celle des demeures aristocratiques.

Plan schématique des maisons dites de Balbius Iassus et à l'Étui d'Or dégagées entre 1973 et 1976.

Les grandes maisons urbaines

Plusieurs grandes *domus* ont été partiellement identifiées à Autun. Notre connaissance de l'habitat reste encore bien lacunaire. Les cours bétonnées, parfois dotées d'un puits, semblent fréquentes. Malheureusement, les « fenêtres » de fouille, souvent réduites, ne permettent pas de préciser facilement la fonction des autres espaces dégagés, ce qui complique les travaux de synthèse. Seules quelques maisons à péristyle sont attestées (le plan en est fréquemment indigent). De même, l'aspect des jardins est très mal connu.

Les premiers habitats augusto-tibériens sont édifiés en terre et bois, avec une toiture de tuiles d'argile ou de bois. Ce n'est qu'au milieu du Ier siècle que s'imposent les élévations en pierre. L'emploi des antéfixes est rare, même si un atelier autunois en produisait – ils sont cependant attestés dès l'époque tibérienne.

Parmi les plans les plus complets à notre disposition, il est possible de citer ceux de deux maisons voisines, séparées par un *ambitus**, découvertes il y a pourtant plus de quarante ans dans un îlot jouxtant le *cardo maximus* : la première est dite de Balbius Iassus, en raison d'une inscription mise au jour lors de la fouille ; la seconde est la maison à l'Étui d'or, qui tire son nom d'un étui-pendentif portant l'inscription « EUPHORI ». Alimentées par un réseau d'eau potable sous pression, elles sont organisées aux IIe et IIIe siècles autour d'une cour ou d'un jardin muni d'un bassin et comportent de nombreuses pièces pavées de mosaïque ou d'une marqueterie de marbre (*opus sectile*).

Une fouille menée en 2001 par l'Inrap a permis de dégager le centre d'un îlot bordant l'enceinte à proximité de la porte Saint-Andoche et de suivre schématiquement l'évolution de plusieurs unités d'habitation depuis la fin du règne d'Auguste. Il faut attendre la fin du IIIe siècle pour voir la restructuration de l'espace au sein d'une même propriété qui occupe une superficie d'au moins 5 000 m², peut-être même l'intégralité d'un îlot. Les pièces centrales en enfilade sont desservies par deux couloirs centraux dégagés sur une quarantaine de mètres, elles aboutissent à une vaste pièce absidée empiétant sur l'espace *non ædificandi* qui jouxte le rempart. La fouille de l'une des pièces chauffées par hypocauste a livré un spectaculaire décor de stuc* issu du démantèlement d'une pièce d'au moins 100 m² de superficie et d'une hauteur sous plafond d'environ 8 m, qui permet de se faire une idée assez précise de la monumentalité de l'édifice. La nature de ce bâtiment, qualifié de « palais » pour son état le plus tardif, reste néanmoins difficile à préciser.

Relevé à l'aquarelle de la mosaïque des colombes, réalisé en 1837 (esplanade du lycée militaire, alors Petit Séminaire). Album Roidot-Deléage, t. II.

Le décor d'une riche demeure, témoignage de l'hellénisme des Éduens

La mosaïque dite des Auteurs grecs a été mise au jour en 1965, puis dégagée plus systématiquement en 1990. Elle décorait la salle d'apparat d'une *domus* richement ornée (marbres, enduits peints) de 12 m sur 6, flanquée d'une abside abritant une banquette en sigma lunaire (en forme de croissant) dans sa partie sud-est. Le sol reposait sur des hypocaustes effondrés au IVe siècle. En dehors de cette salle et de ses aménagements les plus proches, le plan de la maison demeure inconnu.

Le tapis*, incomplet, possédait une trame géométrique simple, avec des bordures de composition orthogonale, en méandres à svastikas, encadrant des panneaux figurés et des citations en grec. Assemblée avec grande habileté à partir de matériaux modestes, datée de l'époque tardo-antonine ou sévérienne, la mosaïque révèle un répertoire iconographique original, sans équivalent dans l'empire.

Les trois portraits réalistes des penseurs grecs Anacréon, Métrodore et Épicure, associés à une courte citation de leurs œuvres au moyen de lettres grecques archaïsantes ou non, fonctionnent en réseau et à l'unisson. Par un jeu savant, la mosaïque fait l'apologie de la modération à laquelle le sage doit s'exercer au quotidien jusque dans ses plaisirs assumés.

Cette mosaïque unique atteste, par le message sophistiqué qu'elle délivre, l'hellénisme profond du propriétaire des lieux et, d'une manière plus générale, la réception dans la cité des Éduens du renouveau de la culture grecque au IIe siècle, mieux connu sous le nom de Seconde Sophistique. Ce fait est d'autant plus vrai que ce document n'est pas isolé : il s'ajoute à une dédicace en grec à Apollon et Artémis (voir p. 66) mise au jour en 1810 dans l'îlot supposé abriter les vestiges du temple dit d'Apollon, ainsi qu'au témoignage d'Eumène qui rappelle que son grand-père, rhéteur athénien, était venu s'installer à Autun vers l'an 200 pour y enseigner.

Nouvelle hypothèse de restitution du canevas de la mosaïque des Auteurs grecs, présentant un tapis à svastikas incluant cinq panneaux : trois d'entre eux représentent Anacréon, Métrodore et Épicure.

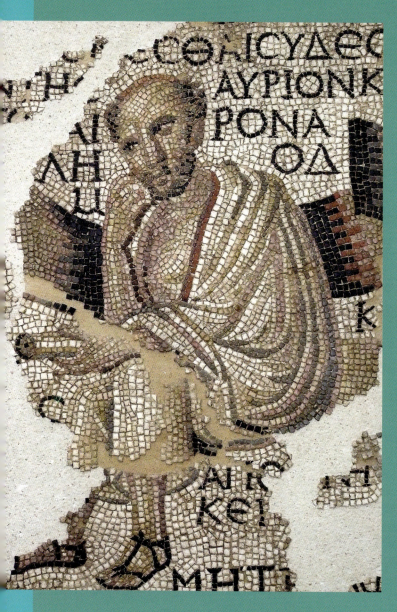

Médaillon de mosaïque représentant Métrodore. L'attitude pensive du personnage et le *volumen* tenu par la main gauche appartiennent à l'iconographie courante des philosophes dans la statuaire. Le texte en grec mentionne le nom même de Métrodore (au bas du tableau à droite), mais aussi un extrait de ses écrits : « Nous sommes nés une fois pour toutes, une deuxième naissance est impossible. Et toi qui n'est pas maître du lendemain, tu ajournes ce qui apporte la joie ; mais la vie, pendant ce temps, se perd, et chacun de nous, dans son manque de disponibilité, meurt. » Musée Rolin.

Les ateliers artisanaux

Considérations générales

Outre l'exception du quartier artisanal de La Genetoye, dont la production est peut-être spécifique et en lien avec les besoins du sanctuaire, la volonté d'intégrer les ateliers à l'intérieur de l'enceinte urbaine est notable à Autun. Ce constat souligne l'intérêt que portent les pouvoirs publics à l'artisanat. Les opérations archéologiques les plus récentes tendent d'ailleurs à suggérer que la plupart des îlots, y compris ceux du centre de la ville, sont, au début du Ier siècle, occupés par des ateliers métallurgiques. Beaucoup d'entre eux cèdent cependant la place aux espaces domestiques aux alentours de l'époque flavienne. Les lieux d'implantation des structures de production qui se pérennisent ne sont pas anodins. On en distingue deux.

Il s'agit tout d'abord des quartiers artisanaux, *intra-muros*, systématiquement situés en périphérie, au contact de l'enceinte. Ils comportent, dans un îlot ou dans plusieurs bâtiments voisins, des ateliers contigus. Ces quartiers apparaissent à une date précoce, dès la première moitié du Ier siècle, et semblent s'intégrer au plan d'aménagement urbain afin de prolonger et de développer un pan de l'économie florissante de Bibracte. Ils fonctionnent durant la totalité du Haut-Empire. Au sein de cette catégorie, le site artisanal du lycée militaire se révèle le plus important quant à la richesse documentaire : plusieurs îlots ont révélé une cinquantaine d'ateliers répartis dans des bâtiments aménagés en terrasses. Les productions concernent les alliages cuivreux, le fer, la céramique, mais également le verre. Elles sont généralement spécialisées, comme au sein du quartier artisanal de la rue des Pierres, le seul à fabriquer des catégories spécifiques de

Fusaïoles (poids utilisés dans les travaux de filage) à inscriptions en schiste caractéristiques d'Autun. Ces objets attestent le travail du textile.

Vue générale du chantier du 11, avenue du Deuxième-Dragon, qui a révélé la présence d'un atelier de métallurgiste du début du Ier siècle de notre ère. Ce dernier cède rapidement la place à une *domus* s'élevant au pied de l'amphithéâtre.

céramiques, tels les mortiers signés et les récipients en céramique grise estampée.

Simultanément à la mise en place de ces quartiers artisanaux périphériques, de petits ateliers / boutiques d'une vingtaine de mètres carrés s'installent le long de certains axes viaires, en général en façade d'une *domus*. Ils conservent fréquemment leur vocation artisanale sur une longue période. Ces unités auraient produit de petits objets en nombre limité, réalisé des opérations de finition ou d'assemblage, assuré l'entretien du matériel et la commercialisation des produits finis (essentiellement des alliages cuivreux).

Moules de fabrication de fibules* découverts à Bibracte (en haut) et à Autun (en bas) : ce type de production témoigne de la pérennité des savoir-faire artisanaux au moment du transfert entre l'ancienne ville gauloise et la nouvelle capitale de cité.

Four attribué au coroplathe (modeleur de statuettes en terre cuite) Pistillus, découvert dans le quartier artisanal du faubourg d'Arroux (espace 24).

Enclume en pierre en position fonctionnelle au sein d'un atelier du faubourg d'Arroux.

Le quartier artisanal du faubourg d'Arroux

Les fouilles de la partie de l'îlot urbain réalisées par l'Inrap en 2010 témoignent de la présence d'un artisanat depuis les premières phases d'occupation jusqu'au IVe siècle, voire jusqu'à l'époque médiévale. C'est d'abord la métallurgie qui retient l'attention, avec plus d'une demi-douzaine d'ateliers identifiés tout au long de l'occupation antique. Les unités de production mises au jour au lycée militaire sont les mieux documentées. Toutefois, ces multiples officines sont plutôt centrées sur des productions « en série » d'objets en bronze (fibules, cloches…), alors que celles du faubourg d'Arroux diffèrent en ce qu'elles semblent plus variées et que la part du fer y est plus marquée. Une partie des ateliers associe fer et alliages cuivreux ; d'autres sont spécialisés sur un métal. Contrairement à ce que l'on observe au lycée militaire, la grande majorité des déchets ont été évacués : l'analyse des productions devient difficile, les vestiges de ce type d'atelier étant souvent mal conservés par nature. Il est possible que l'on ait affaire à des productions diversifiées. Pour le bronze, de la chaudronnerie et de petits objets (fibules) ont été produits. Pour le fer, on suppose que l'une des forges a produit de la coutellerie. Pour les alliages cuivreux, toutes les phases de production sont

Stèle représentant un artisan métallurgiste qui fabrique un vase en bronze (ici, travail de chaudronnerie et de mise en forme du col à l'aide d'un marteau). Elle a été découverte dans la nécropole de Pont-l'Évêque en 2004.

Figurine représentant un bélier, produite dans l'officine attribuée à Pistillus fouillée au faubourg d'Arroux (raté de production).

Oscillum (disque décoré destiné à être suspendu) représentant une scène érotique, probablement d'adultère, dans une pièce théâtrale. La grande qualité d'exécution et le style incitent à l'attribuer à Pistillus. Il a été découvert à Autun en 1867, près du chemin de fer. Musée Rolin.

Moule à deux valves signé Pistillus : il permet la production en masse de figurines représentant Vénus anadyomène (c'est-à-dire sortant des eaux), très en vogue à la fin du IIe siècle et au début du IIIe.

présentes : la coulée – parfois avec de gros gabarits de creusets –, le martelage de tôle, et le façonnage ou la finition par abrasion… Des pigments ont visiblement été produits à base de déchets (oxydes de cuivre pour le bleu « égyptien » par exemple). Pour la métallurgie du fer, on trouve habituellement les techniques de la forge, du façonnage ou de la finition par abrasion, mais aussi celle plus rare de la cémentation. On note enfin la présence, inattendue en contexte urbain, d'épuration ou de réduction du fer.

Néanmoins, la métallurgie n'est pas le seul artisanat représenté. Pour la période tibérienne, un bâtiment de stabulation a été mis en évidence, associé à de nombreux restes osseux triés, caractéristiques de l'abattage de bétail (bœufs, porcs, moutons). Cette activité s'associe à d'autres artisanats : c'est le cas de la métallurgie située à proximité, qui utilise les restes osseux ou les cornes comme source de carbone (cémentation, pour durcir le métal). Par ailleurs, on observe une série d'ossements dont les traces de sciage sont caractéristiques des prélèvements pour la tabletterie. Une activité probable de boucherie est identifiée au IVe siècle, mais d'une envergure beaucoup plus faible.

L'étude des fragments de meules trouvés sur le site a révélé une activité peu connue : la finition de meules en grès. Différentes ébauches en cours de finition ont en effet été découvertes. Cette activité reste malgré tout sans doute ponctuelle (milieu du Ier siècle de notre ère).

La poterie, enfin, est présente au travers d'un atelier de petite envergure (un seul four) qui produit des céramiques fines au IIe siècle apr. J.-C. Mais elle l'est également avec l'officine (ou l'une des officines) du coroplathe Pistillus. Ce dernier, dont la signature et le style caractéristiques sont depuis longtemps connus, a produit, au début du IIIe siècle, des figurines et des sujets en terre blanche (Vénus, animaux…) de fonction votive ou décorative, que l'on retrouve exportés dans toute la Gaule. L'étude du mobilier associé aux fours de l'atelier a montré que des vases étaient produits conjointement.

Intérieur du Temple de Janus, à Autun.

TEMPLE DE JANUS

Ruines du Temple de Janus à Autun.

Les espaces hors les murs /*suburbium*

Le quartier de La Genetoye   92

Mise en place d'un programme collectif de recherche

Un secteur densément occupé avant l'époque romaine

Le complexe antique de La Genetoye : premiers éléments de synthèse

    Le temple dit de Janus

    Le théâtre du Haut-du-Verger et d'autres monuments encore méconnus

    Des ateliers et une nécropole

Les nécropoles du Haut-Empire   99

La nécropole des Champs Saint-Roch – Pont-l'Évêque

La nécropole de Bois Saint-Jean

La nécropole de La Verrerie

La nécropole du Champ des Urnes

La nécropole du Breuil d'Arroux

La nécropole des Drémeaux

Les zones périurbaines   104

Les décharges publiques

Les campagnes : villages, fermes et domaines périurbains

Intérieur du temple de Janus à Autun. **Aquarelle de Bance, XIXᵉ siècle.**

Temple de Janus. **Lithographie, XIXᵉ siècle, dessin de M. Toubat, gravé par Adam.**

Le quartier de La Genetoye

Plan général du *suburbium* : localisation du quartier de La Genetoye, des nécropoles et des dépotoirs.

Mise en place d'un programme collectif de recherche

Ce quartier se situe à la confluence de l'Arroux et du Ternin, à quelques centaines de mètres de l'enceinte d'origine augustéenne. Dominé par les vestiges en élévation du temple dit de Janus, il se développe sur plusieurs dizaines d'hectares de superficie. Cet espace au potentiel archéologique exceptionnel n'était encore, il y a peu, connu que par quelques photographies aériennes – qui révélaient notamment en 1976 la présence du théâtre du Haut-du-Verger de grandes dimensions – et par des publications anciennes,

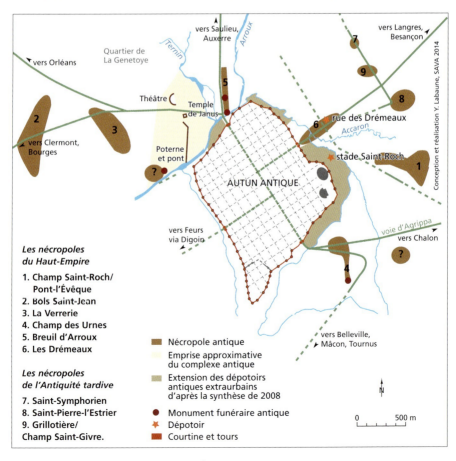

Les nécropoles du Haut-Empire

1. Champ Saint-Roch/Pont-l'Évêque
2. Bois Saint-Jean
3. La Verrerie
4. Champ des Urnes
5. Breuil d'Arroux
6. Les Drémeaux

Les nécropoles de l'Antiquité tardive

7. Saint-Symphorien
8. Saint-Pierre-l'Estrier
9. Grillotière/Champ Saint-Givre.

Le théâtre et l'enceinte néolithique, en juillet 1995.

ce qui a justifié la mise en place en 2012 d'un programme collectif de recherche. Ce projet mobilise plusieurs équipes universitaires (Franche-Comté, Paris-Sorbonne) aux côtés du service archéologique de la ville d'Autun. Il repose sur la mise en œuvre conjointe de différentes approches complémentaires qui vont des études documentaires et du réexamen des données anciennes aux investigations géophysiques extensives et aux sondages géoarchéologiques. Depuis 2013, il génère chaque année une campagne de fouilles programmées en plusieurs lieux du complexe.

Ces nouvelles recherches visent à mieux comprendre les modalités de création et de développement de ce grand sanctuaire, son organisation, son fonctionnement, ainsi que son évolution après l'époque romaine. Les premiers résultats obtenus en 2013, brièvement développés ci-après, renouvellent totalement l'image que l'on se faisait du site jusqu'à présent et mettent en lumière son histoire complexe, entre le néolithique et le Moyen Âge classique. La poursuite des investigations permettra d'affiner cette première image encore schématique.

Un secteur densément occupé avant l'époque romaine

L'occupation de ce secteur de confluence s'inscrit dans la longue durée. En l'état actuel, on a pu dater les premiers vestiges attestés du néolithique moyen ; ils concernent une vaste enceinte de plaine, la seule connue dans l'est de la Bourgogne, couvrant près de 8 ha de superficie. Il s'agit aussi de plusieurs enclos probablement funéraires révélés par les prospections géophysiques. Les premières fouilles menées sous les constructions antiques ont également révélé des structures domestiques et des vestiges funéraires de l'âge du bronze final qu'il conviendra de mieux caractériser à l'avenir (voir p. 24-28).

En 2013, la fouille de plusieurs niveaux d'occupation de La Tène D et de l'époque augustéenne précoce, à la fois contemporains de Bibracte et antérieurs à la création d'*Augustodunum*, alimentent quant à eux l'hypothèse de l'existence d'un site cultuel de l'époque gauloise, peut-être associé à une agglomération de plaine, qui aurait joué un rôle déterminant dans le choix d'implantation de la nouvelle capitale de cité des Éduens. Cette hypothèse doit être confortée par le résultat des fouilles à venir.

Le complexe antique de La Genetoye : premiers éléments de synthèse

Le complexe de La Genetoye compte parmi les sanctuaires les plus monumentaux du territoire des Trois Gaules, comparable à celui de l'Altbachtal à Trèves. Il prend place au sein d'un espace de 45 ha vraisemblablement délimité à l'ouest par un puissant fossé de péribole (enceinte) reliant l'Arroux et le Ternin, autrefois interprété à l'issue des campagnes de photographie aérienne comme une voie romaine ou un fossé protohistorique. Son tracé et ses caractéristiques ont été précisés par les prospections géophysiques et un premier sondage. Le fossé, long d'environ 1,5 km et d'une largeur moyenne de 8 m, possède des

Intaille en verre représentant un animal (chien ou fauve) attaquant un cheval tombé sur le dos. Fouille de la « taverne », réalisée en 2013.

Anse de vase en bronze en forme de pied découverte en 2013, lors de la fouille du théâtre.

Sondage réalisé sur le tracé du chenal construit durant l'époque romaine afin de relier l'Arroux au Ternin et qui limite l'extension du complexe antique. Un dispositif permettant de le franchir est construit à l'époque médiévale en utilisant des blocs de grand appareil certainement issus du démantèlement du théâtre voisin (piles d'un pont ?).

Plan général du quartier de La Genetoye, compilation des données issues des prospections aériennes et géophysiques. État des données en décembre 2013.

parois qui semblent partiellement monumentalisées.

Il est structuré autour d'un réseau viaire en partie fossilisé sous les rues actuelles. L'analyse du tracé de ces axes de circulation et de l'orientation du bâti met en évidence plusieurs schémas régulateurs, trahissant sans doute différentes phases d'aménagement dont la chronologie nous échappe encore.

Le temple dit de Janus

Le quartier intègre des constructions spectaculaires comme les ruines encore visibles du temple à plan centré dit de Janus, l'un des édifices de ce type les mieux conservés de Gaule avec la tour de Vésone à Périgueux. Il s'élève dans un espace délimité par un quadriportique qui accueille également un ensemble de bâtiments dont la nature doit encore être précisée.

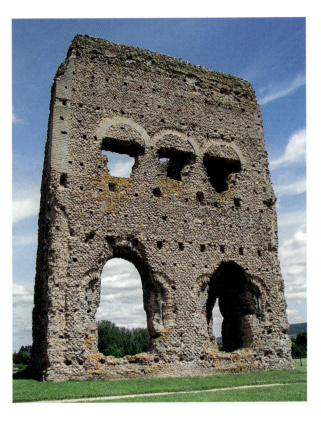

Façade occidentale de la *cella* du temple dit de Janus. Sous les trois ouvertures de la partie supérieure, les trous de fixation de la charpente de la galerie périphérique sont clairement visibles.

La tour centrale (*cella**), bâtie en petit appareil soigné, adopte un plan approximativement carré d'environ 16,50 m de côté. Elle est encore conservée sur une hauteur de près de 24 m. Son entrée (aujourd'hui disparue) se situait à l'est. Chacune des façades est rythmée par des niches (à l'intérieur et à l'extérieur) et trois petites ouvertures à 13 m de haut éclairaient l'intérieur de la pièce. Sous ces ouvertures, les trous de fixation d'une charpente indiquent qu'une galerie couverte longeait le bâtiment.

La divinité honorée dans ce sanctuaire n'est pas clairement identifiée, faute pour l'instant d'arguments épigraphiques (l'hypothèse erronée d'un culte à Janus serait issue d'une mauvaise interprétation, à l'époque moderne, du toponyme *Genetoye*, les Genêts).

Au Moyen Âge, la *cella* du temple a servi de réduit fortifié protégé par une puissante enceinte fossoyée : l'intégration du bâti dans ce dispositif l'a mise à l'abri des récupérateurs de matériaux et semble à l'origine de son excellent état de conservation.

Le théâtre du Haut-du-Verger et d'autres monuments encore méconnus

L'analyse combinée des différentes investigations menées depuis 2012 (prospections aériennes et géophysiques, fouilles) lève progressivement le voile sur la morphologie du théâtre du Haut-du-Verger, qui s'élève à une centaine de mètres au nord-ouest du temple. Bien que ses caractéristiques structurelles demandent encore à être précisées, on peut désormais affirmer que l'on a affaire à un grand édifice de spectacle de 394 pieds de diamètre, soit 116,50 m, en prenant en compte une épaisseur de 3 m pour sa façade périmétrale curviligne. Dans l'état actuel du dossier, le dispositif scénique reste très mal connu. Édifié dans la seconde moitié du Ier siècle, ou le début du IIe, ce monument est restructuré au début du IIIe siècle, peut-être dans le cadre d'un programme architectural cohérent à l'échelle du complexe. Il tombe en ruine dès les années 270.

Au sud du temple de Janus, les prospections magnétiques et géoradars ont mis en évidence le plan de plusieurs monuments se distribuant le long d'un axe viaire, en particulier

Modélisation en trois dimensions issue de la campagne radar réalisée au sud du grand temple. Elle illustre l'existence d'un bâtiment curviligne de nature indéterminée.

Campagne de fouille réalisée sur le théâtre en 2014 (couloir monumental menant à l'*orchestra* et système de distribution des spectateurs). Le temple de Janus est visible au loin.

Au premier plan, les vestiges du théâtre du Haut-du-Verger, lors de la campagne de fouilles de 2014 ; à droite du cliché et au second plan, on voit l'emprise d'un sondage réalisé sur le quartier artisanal.

Vestiges du mausolée de La Gironette qui s'élevait au sud du complexe de La Genetoye. Relevé du XIXe siècle.

Gobelet en céramique fine déformé (raté de cuisson) découvert fortuitement à l'emplacement d'un four de production dans les années 1950. Musée Rolin.

un édifice à exèdre de 45 m de diamètre et un bâtiment à cour et pièces en absides d'une emprise au sol d'environ 1 000 m². En l'absence de fouilles, leur fonction précise nous échappe encore.

Des ateliers et une nécropole

La partie occidentale du complexe semble dévolue à l'artisanat, un four de potier et les vestiges d'une tuilerie y ont notamment été identifiés par le passé. La zone méridionale, proche de l'Arroux, recèle quant à elle une petite nécropole dominée par un mausolée turriforme appelé, au XIXe siècle, La Gironette.

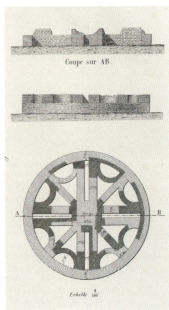

Les nécropoles du Haut-Empire

Pendant longtemps, les archéologues ont choisi de conserver le découpage en quatre grands secteurs funéraires hérité des recherches du XIXe siècle. Bien que d'inégales valeurs, de nouvelles données permettent aujourd'hui d'affiner notre perception de la topographie funéraire autunoise.

Grâce aux sources, il est possible en effet de distinguer neuf nécropoles le long des principaux axes et de certaines voies secondaires, à l'exception notable de la voie sortant par la porte Saint-Andoche et se dirigeant vers Feurs (dans ce dernier cas, on ne sait pas s'il s'agit d'une réalité ou d'une précision documentaire erronée). Six d'entre elles datent du Haut-Empire, trois autres concentrées en périphérie orientale sont des créations de l'Antiquité tardive.

Plusieurs grands mausolées sont attestés, l'un est pyramidal (la « pyramide [ou pierre] de Couhard »), trois autres sont turriformes (deux sont improprement appelés depuis le XIXe siècle « temple de Pluton » et « temple de Proserpine ») : on retrouve systématiquement ce type d'édifice dans les secteurs funéraires bordant la voie d'Agrippa, ce qui montre toute l'importance de cet axe viaire aux yeux des élites romaines.

La nécropole des Champs Saint-Roch – Pont-l'Évêque

Elle a donné lieu à de nombreuses découvertes au XIXe siècle. Elle a été fouillée entre 2004 et 2008 par l'Inrap, en collaboration avec le service archéologique municipal. D'un point de vue topographique, elle se singularise par son éloignement des voies antiques rayonnant depuis Autun.

Buste en terre cuite blanche, découvert dans la zone des bûchers de la nécropole de Pont-l'Évêque.

Stèles en grès de la première moitié du IIe siècle, découvertes sur la nécropole de Pont-l'Évêque en 2004. Outre leur aspect funéraire, les stèles sont des témoignages précieux de la vie quotidienne, des métiers et des classes sociales. Le personnage féminin en buste tient dans la main droite un gobelet et dans la gauche un instrument de filage (une quenouille et son fuseau). L'artisan tient dans la main droite un marteau à panne carrée et dans la gauche une pince à feu, ses outils pour travailler le métal.

Dégagée sur une superficie de 3,5 ha, elle possède la documentation la plus riche pour Autun : 1 225 structures funéraires ont pu être fouillées, dont plus de 500 inhumations et une soixantaine de dépôts de crémation. Une zone de bûchers funéraires a pu quant à elle être reconnue sur près de 6 000 m². Elle a livré un mobilier d'accompagnement modeste et assez classique (vaisselle en céramique et en verre, figurines en terre cuite blanche…), mais également un corpus très important de stèles funéraires.

La nécropole trouve son origine à l'époque augustéenne sous la forme d'un enclos rectangulaire accueillant des dépôts de crémation occupant une position centrale au sein du gisement. Son occupation se poursuit jusqu'au IIIe siècle de notre ère. Contrairement aux autres nécropoles, les découvertes de l'Antiquité tardive sont marginales.

L'analyse de l'iconographie funéraire révèle des tombes homogènes sur le plan sociologique : là seraient enterrées des petites gens, ce que semble confirmer l'absence d'indices ostentatoires – sarcophages en pierre ou mausolées – et dans une moindre mesure l'indigence du mobilier d'accompagnement.

La nécropole de Bois Saint-Jean

Elle est traversée par la voie menant d'Autun à Bourges, des bûchers funéraires ont été repérés à proximité. Elle est essentiellement occupée durant le Haut-Empire par une population a priori modeste (stèles d'artisans), puis par des classes plus aisées à la fin du IIIe ou au IVe siècle (sarcophages en pierre, cercueils en plomb et mobilier d'accompagnement en or). Le recrutement est varié : on relève notamment une sépulture de légionnaire.

La nécropole de La Verrerie

Elle semble se concentrer à l'embranchement des voies menant d'Autun à Orléans et Bourges. Le toponyme trouve son origine dans l'abondance de vaisselle en verre exhumée aux XVIIIe et XIXe siècles.

Les défunts ne paraissent pas appartenir aux couches aisées de la population durant le Haut-Empire. Elle pourrait être une zone d'inhumation familiale durant l'Antiquité tardive. La documentation actuelle ne permet pas d'exclure un lien entre les nécropoles de Bois Saint-Jean et de La Verrerie.

La nécropole du Champ des Urnes

Elle tire son nom des nombreux dépôts de crémation découverts depuis le XVIIe siècle. Le gisement funéraire est dominé par le célèbre mausolée appelé « pyramide de Couhard », qui s'élève sur une éminence le long de la voie menant d'Autun à Mâcon.

Durant le Haut-Empire, les tombes semblent installées à flanc de colline. La nécropole accueille alors tout autant une population modeste que des membres de classes aisées (un *sevir* augustal, un vétéran, un sarcophage avec du mobilier d'accompagnement en or) et même de l'aristocratie (mausolée). L'occupation tardo-antique, en cercueils de plomb, se poursuit en contrebas, le long de la voie d'Agrippa.

Le mausolée dit « pyramide de Couhard » qui domine la nécropole du Champ des Urnes.

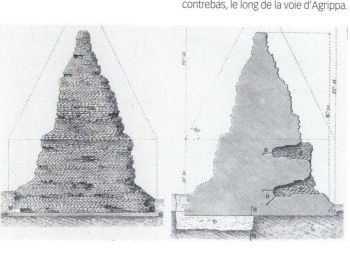

Coupe et élévation des vestiges de la « pyramide de Couhard » relevées au XIXe siècle. Sur l'image de droite les deux cavités en partie supérieure témoignent des investigations infructueuses faites par l'abbé de Castille en 1640, à la recherche d'une chambre funéraire. Un tunnel creusé en 1840 pour étudier les fondations de l'édifice est également représenté. Album Roidot-Deléage, vol. I, pl. 93.

La nécropole du Breuil d'Arroux

Elle n'a été circonscrite que très récemment. Elle se développe elle aussi le long de la voie dite d'Agrippa, en aval de la porte d'Arroux. Elle est en grande partie délimitée par les tracés de l'Arroux et de son affluent le Ternin.

Elle paraît accueillir aussi bien des membres de l'aristocratie (au moins deux mausolées dont le monument dit « temple de Pluton » démantelé au XIXe siècle) qu'une population plus modeste. La présence de plusieurs enclos quadrangulaires pourrait trahir des regroupements sociaux ou familiaux, voire des phases d'extension de la nécropole dont l'occupation se poursuit au cours du IVe siècle (cercueils en plomb).

La nécropole des Drémeaux

Elle se développe de part et d'autre de la voie sortant d'Autun par la porte Saint-André, ce toponyme évoquant « les dormeurs », une allusion assez nette aux défunts. Les tombes les plus anciennes, notamment des incinérations augustéennes, paraissent proches de l'enceinte.

Les vestiges funéraires des IVe et Ve siècles, en particulier des inhumations en cercueil de plomb, s'éloignent nettement de l'espace urbain en direction des nécropoles orientales tardo-antiques.

Cruche en verre bleu découverte en 1878 dans une sépulture de la nécropole de Bois-Saint-Jean. Musée Rolin.

Évocation des vestiges du mausolée autrefois appelé « temple de Pluton » qui s'élevait au sein de la nécropole du Breuil d'Arroux. La porte d'Arroux est visible au second plan. Gravure d'après un dessin de N.-M. Joubert, 1802.

Les vestiges remarquables de la nécropole de Pont-l'Évêque

Vestiges de bûchers funéraires

Une vaste aire dédiée à la crémation sur des bûchers funéraires s'étend au sud de la nécropole sur une surface de 5 500 m². Jusqu'à présent, une aussi vaste superficie n'avait jamais été mise en évidence. Elle se matérialise par la présence au sol de volumineuses fosses entrecoupées, contenant encore pour certaines des ossements brûlés, et dont le profil en gradin à bords verticaux et fonds plats suppose la mise en œuvre de plusieurs bûchers successifs. Leur multiplication sur un espace limité aurait fini par entraîner la mobilisation d'importants volumes de terre, certaines excavations atteignant à terme un diamètre de 10 m pour une profondeur de plus de 2 m conservée. L'absence de traces de rubéfaction sur les parois des creusements suggère que les bûchers étaient posés sur un échafaudage de bois au-dessus d'une fosse oblongue et non pas à l'intérieur même du volume décaissé. Le comblement de la zone s'est opéré progressivement, au gré du développement de l'aire de crémation. Au remplissage des fosses se mêlent tout le cortège d'objets déposés sur le bûcher (vases, récipients en verre, figurines en terre cuite), ainsi que les matériaux générés par la fréquentation et l'entretien de la nécropole : stèles de sépultures laissées à l'abandon, bris de vaisselle ayant servi aux banquets funéraires et aux libations (amphores, cruches).

Découverte de stèles dans un contexte insolite

L'intérêt du site réside aussi dans la mise au jour en contexte archéologique de près de 200 stèles ou fragments de stèles datés de la première moitié du IIIe siècle. Aucune d'elles n'a été retrouvée à sa place initiale au-dessus d'une tombe. La majorité provient de structures ayant servi de dépotoir (fossé, fosse), dont une grande part de l'aire de crémation. Jetées sens dessus dessous, parfois superposées les unes aux autres, elles ont manifestement été mises au rebut dans des structures servant de dépotoir. Les autres stèles, environ un tiers de l'ensemble, retrouvées à l'intérieur des fosses à inhumation, reposant directement sur le cercueil ou séparées de ce dernier par une couche de terre de 10 à 30 cm d'épaisseur, relèvent d'un geste plus difficile à interpréter au regard de leur contexte de découverte. Plusieurs hypothèses peuvent être avancées en guise d'explication, sans que l'une exclue forcément les autres : l'acte rituel (protection en faveur ou à l'encontre de l'âme du défunt ?), le dépôt suite à la réouverture de la tombe pour enterrer un membre de la même famille, l'utilisation de la stèle comme élément architectural de la tombe symbolisant un mode de couverture particulier, ou, cette fois encore, le rejet fortuit.

Vaste fosse formée par la multiplication des bûchers.

Restitution schématique du mode de déposition des stèles à l'intérieur des fosses d'inhumation.

Chr. Gaston Del.

Les zones périurbaines

Les décharges publiques

Les observations réalisées depuis le XIXe siècle suggèrent la présence de dépotoirs extra-urbains dans la partie orientale du *suburbium*. Ils permettaient d'accueillir les déchets domestiques évacués de la ville entre l'époque flavienne et le milieu du IIIe siècle.

Une opération archéologique récente menée à l'est de la porte Saint-André a permis de mieux caractériser l'aspect d'une de ces décharges. Elle s'implante dans une zone insalubre et inondable depuis la protohistoire. Les détritus sont épandus ou enfouis dans des fosses dépotoirs se recoupant les unes les autres. Cela rappelle les observations réalisées en 1976 par Alain Rebourg préalablement aux travaux d'installation du plan d'eau du Vallon : il constatait lui aussi la présence de déchets dans une zone *a priori* marécageuse durant l'Antiquité.

Les campagnes : villages, fermes et domaines périurbains

Au-delà des quartiers périurbains et des nécropoles, les environs de la ville et l'essentiel du territoire éduen sont dévolus à l'agriculture. Les découvertes anciennes (*villa* de Montjeu, sur le plateau au sud d'Autun par exemple) et le développement d'un programme de prospection systématique permettent aujourd'hui d'avoir une idée plus précise de la structure de ce peuplement rural.

Comme partout ailleurs en territoire éduen, la densité des points de peuplement est forte, de l'ordre d'une ferme gallo-romaine tous les 200 à 800 m en fonction de la topographie et de l'altitude.

Ce maillage d'établissements ruraux est déjà pour partie en place à l'époque de la conquête. Il semble que l'édification de la nouvelle capitale des Éduens n'ait eu dans ce domaine qu'un impact limité, puisque les établissements gaulois continuent communément à être occupés durant toute l'Antiquité. Le nombre de sites, cependant, se multiplie.

En piémont et sur les premiers coteaux bordant l'Arroux à l'ouest, les prospections ont détecté une multitude de sites antiques qui établissent un maillage d'une étonnante densité, de l'ordre d'un site gallo-romain tous les 150 à 400 m. Nulle part il n'a été possible d'observer de zone libre d'occupation et il est très probable que le couvert forestier de la région était alors nettement plus limité qu'aujourd'hui, comparable à ce qu'il était à la fin de l'époque médiévale ou durant l'époque moderne.

Parmi ce maillage de fermes, on distingue des hiérarchies affirmées. À côté d'une multitude d'occupations modestes, comportant un à trois bâtiments parfois édifiés en matériaux périssables, quelques grands domaines ont pu se développer. Ils occupent de manière privilégiée les terrasses qui dominent les principaux cours d'eau de la région (La Celle et l'Arroux en particulier). On les retrouve également dans les zones suburbaines (Saint-Pierre-l'Estrier, Champ de la Fontaine, Bellevue, Planoise, etc.). Grâce aux prospections géophysiques et terrestres, on dispose du plan de certains d'entre eux, comme à Laizy, Monthelon ou La Celle-en-Morvan. Ils associent systématiquement une partie résidentielle (dotée de balnéaires et de mosaïques) à des communs, organisés en deux lignes de constructions bordant une cour, selon un schéma répandu dans toutes les Gaules. Certains prennent

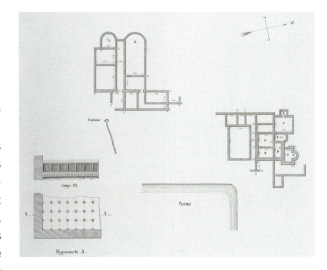

Relevé du XIXe siècle des vestiges de la *villa* de Montmain, au sud d'Autun. Album Roidot-Deléage, vol. II, pl. 76.

Théâtre rural des Bardiaux : d'une quarantaine de mètres de diamètre, sa capacité d'accueil ne dépassait pas les 500 personnes.

Statuette figurant une Abondance, dite « Dame des Bardiaux ». Figurine en bronze fondue en creux, exhumée aux abords du théâtre rural des Bardiaux, ville étape sur la voie romaine reliant Autun, Entrains-sur-Nohain et Orléans. Musée Rolin.

la forme de véritables palais et couvrent parfois plus de 5 ha.

Dans les zones montagneuses du Morvan, au-delà de 500 m d'altitude, la densité d'établissements est encore notable (de l'ordre d'un site tous les 500 à 800 m et cela jusqu'au cœur du massif du Folin), mais les sites concernés semblent nettement plus modestes. Seules quelques zones plates (comme à Roussillon-en-Morvan, Château-Chinon ou sur le plateau d'Antully) permettent le développement de grandes *villae* similaires à celles du piémont. Les données paléoenvironnementales (étude des pollens et des macro-restes issus de carottages réalisés dans les tourbières des sources de l'Yonne) indiquent que ces zones étaient dévolues à une poly-culture laissant, déjà, une large place à l'élevage bovin.

À toutes ces fermes sont systématiquement associées de petites nécropoles domaniales, révélées par des coffres en pierre et une série de stèles dont certaines sont encore visibles aujourd'hui (place de Saint-Léger-sous-Beuvray).

Ces domaines ruraux ne sont cependant pas les seuls vestiges identifiés aux abords d'Autun. Quelques hameaux ou villages y ont également été détectés. En dehors du site de Bibracte, où il ne subsiste plus que quelques bâtiments, ils se développent surtout le long des grandes voies qui permettent de quitter la ville, notamment aux points de rupture (gués, cols). Le phénomène était déjà observable à l'époque de Bibracte, puisque plusieurs agglomérations (notamment celle dite des Sources de l'Yonne) s'égrenaient le long des chemins quittant l'oppidum. L'activation de nouveaux axes, en liaison avec la création d'*Augustodunum*, contribue à l'émergence de nouveaux pôles, plus ou moins importants. Les travaux récents ont permis d'observer plus attentivement le phénomène sur trois voies majeures : celles d'Autun à Bourges, d'Autun à Orléans et d'Autun à Clermont. Sur la première, le franchissement du col des Pasquelins (685 m) a déterminé le développement de deux sites routiers, sur ses pieds occidentaux (Les Bardiaux, sur la commune d'Arleuf) et orientaux (Les Arbonnes, sur la commune de Roussillon-en-

Morvan). L'intensité du trafic sur cette voie a d'ailleurs permis un certain dynamisme, visible dans l'édification d'un théâtre sur le premier d'entre eux. Le développement d'un site de ce type à Saint-Prix, au pied du col de l'Échenault, participe des mêmes nécessités. Sur la voie d'Autun à Clermont, plusieurs groupements routiers modestes (quelques bâtisses formant des villages-rues) ont pu aussi être observés, en particulier aux divers passages à gué, comme ceux sur La Celle ou sur Le Méchet (communes de Monthelon et de Laizy). Le mobilier retrouvé sur ces sites indique sans détour qu'il s'y développait des activités variées, essentiellement commerciales et artisanales.

Enfin, quelques sanctuaires, comme ceux récemment découverts à Laizy et à Monthelon, ou ceux, plus connus, du sommet du Beuvray ou des Sources de l'Yonne, complètent l'image d'un territoire rural intensément occupé et exploité durant les trois premiers siècles de notre ère. Passé la seconde moitié du IIIe siècle, ce dynamisme semble connaître une nette inflexion. Elle apparaît à travers l'abandon d'un certain nombre de sites ruraux et de la plupart des agglomérations routières, mais avant tout à travers une baisse remarquable de la richesse des sites, sur lesquels les témoins mobiliers des IVe et Ve siècles sont presque systématiquement absents. Cela ne signifie pas néanmoins leur abandon, en particulier dans le Morvan, puisque l'essentiel des points de peuplement médiévaux (villages, hameaux ou fermes, par exemple sur les communes de Saint-Prix, de Glux-en-Glenne ou de Saint-Léger-sous-Beuvray) possèdent un substrat antique : il y a donc une continuité marquée du peuplement entre le Haut-Empire et la période actuelle, même si ses modalités nous échappent encore aujourd'hui en grande partie.

Élément de chariot en bronze décoré d'une tête de lion, lui aussi découvert à l'occasion des fouilles réalisées aux abords du théâtre des Bardiaux. Cet élément servait de point d'accroche à la bâche de couverture. Musée Rolin.

La ville de l'Antiquité tardive vers le haut Moyen Âge : entre crises, restauration et refondation (IIIe-Ve siècle)

Augustodunum durant la « crise du IIIe siècle » : le temps des épreuves   110

Le corpus de *militaria* : témoin inédit de la présence de militaires à Autun vers 270

La restauration tétrarchico-constantinienne : un mythe ?   113

Les Écoles méniennes retrouvées ?

Les traces archéologiques de la restauration du réseau d'alimentation en eau durant l'Antiquité tardive ?

Les nécropoles de l'Antiquité tardive

La fin de la ville antique   122

Bague ornée d'un *aureus* de Tetricus. La monnaie a été frappée à Cologne entre 270 et 272. Découverte à Laizy, domaine de Chassagne, en avril 1861. Musée Rolin.

Augustodunum durant la « crise du IIIe siècle » : le temps des épreuves

Pointe méridionale de la ville délimitée par l'enceinte du Haut-Empire dominée, en haut du cliché, par la tour dite des Ursulines. Elle est séparée du reste de la ville par l'enceinte réduite dont le tracé semi-circulaire est en grande partie fossilisé dans les façades actuelles.

Au IIIe siècle, comme les autres villes de l'Occident romain, Autun est frappée par les malheurs du temps. Conséquence de la nouvelle situation géopolitique de l'*Imperium romanum*, les empereurs subissent désormais aux frontières des guerres qu'ils n'ont pas voulues et ce sur trois fronts simultanés : l'Euphrate, le Danube et le Rhin. Cette situation inédite bouleverse la vie des cités et des villes, à commencer par celles qui sont proches des frontières, ce qui est le cas d'Autun dont le territoire se trouve en arrière du front rhénan. Durant cette période noire, marquée par des crises successives et profondes, les cités jouent un rôle essentiel pour l'unité de l'Empire romain, mais au prix de grands sacrifices, en particulier fiscaux. Autun et son territoire, placés sur deux axes stratégiques (l'axe Lyon-Cologne et l'axe Lyon-Boulogne), subissent le passage des troupes et des incursions barbares. À partir de l'an 260, les Éduens appartiennent à ce que les historiens ont appelé « l'Empire

gaulois », sécession durable des territoires de l'Occident romain placés sous la tutelle de l'empereur Postume (260-269), rival du prince de Rome, Gallien (253-268). C'est dans ce contexte que des sources tardives (*Panégyriques latins*, V, 9 et VIII, 5 et Ausone, *Parentalia*, IV, v. 2-9) évoquent une révolte des Éduens en 269-270 contre l'un des successeurs de Postume, l'empereur Victorin (269-271), affaibli par l'offensive lancée contre lui depuis les Alpes par l'empereur Claude II le Gothique (268-270). La ville, assiégée durant près de neuf mois, aurait été prise et pillée, ses élites frappées de proscription. Si aucune trace archéologique du siège lui-même n'est attestée, on observe durant ces dernières décennies du IIIe siècle une forte rétractation de l'occupation urbaine, la disparition quasi complète des quartiers artisanaux intra-urbains, alors que dans le même temps, la découverte de très nombreux *militaria* indique une forte présence militaire. Les sources littéraires, même si elles tendent à forcer le trait, brossent le tableau d'une ville dont les bâtiments publics et privés ne sont plus entretenus, voire sont ruinés. Les populations des Trois Gaules subissent une grave crise, liée à l'effort de guerre, à de nouvelles incursions barbares après 275 et à des révoltes de ruraux, appelées bagaudes*. Autun traverse alors des moments difficiles et la physionomie de la ville change radicalement, tandis que s'amorce la restauration impériale avec le règne de Dioclétien (284-305).

Le corpus de *militaria* : témoin inédit de la présence de militaires à Autun vers 270

L'examen des collections anciennes du musée d'Autun, comme celui du matériel recueilli lors des fouilles récentes, permet de mettre en évidence une importante fréquentation militaire dans la ville dans la seconde moitié du IIIe siècle. La découverte de nombreux éléments de l'équipement offensif et défensif des soldats de la fin du Haut-Empire le suggère : écailles de cuirasse (*lorica squamata*), éléments de casques et d'épées, armes diverses, éléments du costume militaire. Après les découvertes d'*Augusta Raurica*

Évocation des tenues et des équipements militaires en vigueur dans les années 270.

(Augst, Suisse), cette série est à ce jour la plus conséquente provenant d'un site civil gaulois, puisque sont attestés à Autun douze bouterolles d'épée, mais aussi neuf pontets, deux gardes d'épée, six éléments de poignée, un bouton de *balteus* (ceinturon militaire), cinq éléments de baudrier, deux armes d'estoc, un casque, au moins trois cuirasses à écailles et seize fibules militaires. L'étude du matériel permet de supposer que cette présence militaire doit être située entre les années 260 et 280.

Le seul élément qui fait encore défaut est la trace de structures liées à cette présence militaire. On peut envisager que la troupe a été cantonnée dans les habitats urbains, ce que tendrait à confirmer le contexte de découverte de ces objets. Les objets trouvés étaient en effet répartis de façon diffuse dans l'ensemble de la ville.

Il est tentant d'associer ces *militaria* au siège de 270, mais des trouvailles similaires effectuées sur des sites urbains de Gaule de l'Est comme *Augusta Raurica* ou *Aventicum* (Avenches) montrent que la forte présence militaire observée à Autun à la fin du IIIe siècle n'est pas un phénomène local et qu'elle s'intègre dans une tendance régionale couvrant tout le nord-est de la Gaule. Il est donc clair qu'à Autun ces découvertes ne peuvent pas être attribuées exclusivement au siège de Victorin ni liées à la rétraction de la superficie de l'agglomération à la fin du Haut-Empire.

La restauration tétrarchico-constantinienne : un mythe ?

Grâce aux discours du recueil des *Panégyriques latins* prononcés par des orateurs éduens, la période tétrarchico-constantinienne demeure l'une des mieux connues de l'histoire d'Autun et des Éduens, ce qui en fait un point d'observation unique pour les Gaules à cette période. Dans des discours prononcés entre 297 et 312 apr. J.-C., ces représentants officiels de la cité s'adressent au gouverneur ou aux empereurs de Trèves pour régler les questions liées à la reconstruction d'Autun, au relèvement des institutions ou à la fiscalité. Incidemment, les rhéteurs offrent des témoignages uniques sur la topographie urbaine, les monuments, le trajet des visiteurs de marque lors des entrées rituelles comme celle de Constantin en 311. Dans les détails, par la précision du vocabulaire employé, ces discours, loin de n'être que propagande, fournissent de nombreuses informations sur la restauration de la ville d'Autun et de la *civitas Aeduorum*. Concrètement, les orateurs précisent que des artisans et des ingénieurs civils et militaires interviennent pour restaurer les maisons, les temples, les thermes, les monuments publics, ainsi qu'un bâtiment important : un lieu d'enseignement appelé *Scholae maenianae*. Les sources de financement sont également connues : fiscalité locale, subventions des empereurs, actes d'évergétisme de certains notables comme Eumène, ancien membre de la chancellerie impériale. Dans ce contexte, les liens entre l'empereur et les élites locales, très investies dans des postes civiques ou dans de hautes fonctions impériales, ont joué un rôle déterminant dans la restauration d'Autun.

Solidus de Constantin frappé à Trèves entre 310 et 314. Musée Rolin.

Les témoignages de ces panégyristes semblent pour partie confirmés par des fouilles récentes, démontrant que la monumentalisation du *cardo* d'Autun date des années 300, tout comme la restauration d'un vaste complexe monumental – qui correspond peut-être aux *Scholae maenianae* du discours d'Eumène – et la réfection de l'aqueduc. La restauration d'Autun par les Tétrarques et Constantin n'est donc pas un mythe.

Chaussée du *cardo maximus* construite à la fin du IIIe siècle. Tronçon actuellement visible rue de la Jambe-de-Bois.

Les Écoles méniennes retrouvées ?

Un diagnostic d'archéologie préventive mené par le service archéologique d'Autun en 2011 sur une parcelle de plus de 1 ha de superficie a donné l'occasion d'explorer partiellement deux îlots situés le long du *cardo maximus*, à proximité du centre monumental (temple d'Apollon, forum et thermes publics) et d'habitats luxueux.

Dans le premier de ces îlots, on a pu mettre au jour une riche *domus* comportant des pavements particulièrement soignés en marqueterie de marbre et présentant de fortes similitudes avec les maisons dites de Balbius Iassus et à l'Étui d'or, fouillées non loin de là dans les années 1970.

Le second recèle les vestiges d'un vaste complexe monumental, vraisemblablement construit au début du IIe siècle sur les ruines d'anciennes maisons, qui a pu bénéficier d'une fenêtre d'investigations de 900 m². Il est composé d'un édifice dont l'une des façades ouvre sur le *cardo maximus*, en grande partie situé en dehors de l'emprise de la fouille. Seuls quelques vestiges remarquables, comme les fondations

Diagnostic réalisé à l'emplacement présumé des Écoles méniennes. Cette fenêtre d'investigation a permis de dégager les puissantes substructions d'un portique à double nef d'environ 20 m de profondeur encadrant une vaste cour de près de 1 000 m².

en grand appareil d'un mur d'une largeur considérable de 3 m, permettent de se faire une idée de sa monumentalité.

Le complexe connaît une profonde restructuration à la fin du IIIe ou au début du IVe siècle, qui semble se traduire par la mise en place de deux grandes cours sensiblement identiques (environ 45 x 20 m) séparées par une galerie à claire-voie et fermées par de grands portiques à

Évocation du portique à claire-voie séparant les deux cours.

double nef d'une vingtaine de mètres de largeur. L'une des colonnes en façade de ces portiques, retrouvée effondrée à son emplacement originel, permet de restituer les caractéristiques de ces élévations en calcaire de la côte chalonnaise. La fouille d'un atelier lapidaire, témoin privilégié de cette campagne de restauration tardo-antique, montre la place importante occupée par le marbre blanc de Carrare au sein des déchets de taille.

Il a été possible de dégager partiellement un pavillon d'angle donnant accès au cœur de l'îlot depuis le *cardo*. Dans son dernier état, il est pavé de grandes dalles de calcaire marbrier et débouche dans la cour à portiques centrale au moyen d'une ouverture majestueuse.

Le complexe du début de l'Antiquité tardive, par son plan et sa localisation dans un quartier résidentiel situé à proximité immédiate du centre monumental, répond aux caractéristiques fonctionnelle et topographique d'une *schola* de taille exceptionnelle. La confrontation avec les sources littéraires suggère d'identifier ces vestiges comme ceux des *Scholae maenianae*, mentionnées dans le discours prononcé en 298 apr. J.-C. par Eumène, notable originaire de la cité, en présence du gouverneur de Lyonnaise. Seule une fouille complémentaire et la découverte d'un texte épigraphique sont à même désormais de valider définitivement ces premières hypothèses.

Les traces archéologiques de la restauration du réseau d'alimentation en eau durant l'Antiquité tardive ?

En septembre 2013, un diagnostic mené par l'Inrap dans les jardins de la maison de retraite Saint-Antoine (ancien Grand Séminaire) a permis de mettre au jour un riche ensemble de vestiges antiques organisé autour de trois axes viaires. Parmi ceux-ci, un tronçon d'aqueduc *intra-muros* a été suivi sur plus de 150 m. Il suivait un axe (déjà envisagé par différents chercheurs) situé sur une ligne de crête sud-ouest/nord-est dans la partie haute de la ville. Actuellement conservé au musée lapidaire, ce tronçon a donné lieu à l'analyse archéométrique des mortiers qui a mis en évidence une différence de construction avec la section rurale de l'aqueduc de Montjeu. Il présente d'intéressantes particularités. D'abord, toute sa partie inférieure (la couverture n'est pas conservée) est construite d'un seul tenant en mortier de tuileau banché – on retrouve cette technique sur certains segments de l'aqueduc de Lutèce, ou encore celui de Cologne en Allemagne. Ensuite, il a très probablement été bâti à la fin du IIIe siècle de notre ère. On est alors tenté de rapprocher sa construction des réfections du système d'adduction d'eau, réalisées sous la Tétrarchie. Ces travaux sont en effet évoqués par Eumène dans son discours. Enfin, les tronçons dégagés de l'aqueduc sont en grande partie effondrés dans un creusement sous-jacent, qui correspond peut-être à l'emplacement de l'ancien aqueduc *intra-muros*, démonté lors de la construction de celui mis au jour.

Tronçon d'aqueduc bâti à la fin du IIIe siècle découvert dans la maison de retraite Saint-Antoine (partie bien conservée).

Les nécropoles de l'Antiquité tardive

Les découvertes archéologiques suggèrent l'apparition de deux nouveaux pôles funéraires à l'est de la ville antique à la fin du IIIe ou au tout début du IVe siècle, à des emplacements apparemment vierges de sépultures antérieures.

À La Grillotière-Champ Saint-Givre, on observe l'apparition d'un pôle funéraire traversé par l'actuelle rue de Moirans (sans doute un axe remontant à l'Antiquité) mesurant une centaine de mètres de largeur et s'étirant sur un peu plus de 200 m. Les inhumations semblent particulièrement nombreuses aux IIIe et IVe siècles. Ces dernières, parfois regroupées, jouxtent pour la plupart l'axe de circulation d'origine antique. La sépulture la plus ancienne connue est datée de la seconde moitié du IIIe siècle grâce à son mobilier d'accompagnement : une cruche et un gobelet en céramique métallescente des ateliers de Trêves. L'autre pôle funéraire se développant au tout début de l'Antiquité tardive est celui de Saint-Pierre-l'Estrier. La création de cette nécropole a longtemps été datée du Haut-Empire, mais deux opérations archéologiques récentes indiquent que le site était occupé au IIIe siècle par une probable *villa* périurbaine. Il est d'ailleurs notable qu'aucune sépulture en place du Haut-Empire n'a jamais été trouvée sur le site, en dépit de toutes les fouilles et observations effectuées depuis les années 1970. Les stèles des IIe-IIIe siècles provenant de Saint-Pierre paraissent être des réemplois tardifs, comme l'illustrent deux découvertes bien documentées.

La nécropole paraît adopter un plan ovoïde de près de 250 m de diamètre et représenter une superficie maximum d'environ 5 ha. La répartition des tombes est très variable : on relève des secteurs très denses, notamment autour de l'église Saint-Pierre, et des zones à l'occupation bien plus lâche. C'est dans cette nécropole, qui se développe tout au long du IVe siècle puis aux siècles suivants, qu'apparaissent les plus anciens témoignages associés à la christianisation des Éduens. Le plus important est la stèle funéraire de Pectorios, qui porte une inscription en langue grecque constituant l'un des plus anciens témoignages matériels du christianisme en Gaule (fin du IIIe ou première moitié du IVe siècle).

Gobelet métallescent découvert dans une des sépultures de la nécropole tardive de La Grillotière. Inscription circulaire « AVE », réalisée à la barbotine, dont les lettres sont séparées par un gros point. Fin IIIe-IVe siècle.

La nécropole de l'Antiquité tardive à Saint-Pierre-l'Estrier

La fouille de l'ancienne église de Saint-Pierre-l'Estrier menée entre 1976 et 1986 sous la direction de Christian Sapin, en collaboration avec Walter Berry, Jean-Charles Picard et Baily Young, a fourni des informations essentielles sur l'espace funéraire qui s'est développé au cours de l'Antiquité tardive sur ce site et dans ses environs immédiats.

Cette opération a montré que le site était occupé par une *villa* suburbaine établie au milieu du Iᵉʳ siècle apr. J.-C., perpendiculairement à la voie antique voisine, reliant Autun à Langres et Besançon. Plus tard, cette position a d'ailleurs donné son nom à l'église, l'épithète *Lestrée*, mentionnée dans une source du XIIIᵉ siècle, étant une déformation médiévale de *strata* (route). L'édifice, dont des maçonneries ont été reconnues, dessinait un grand rectangle flanqué au nord d'un espace non bâti, de type cour. L'entrée devait s'effectuer à l'ouest, où une ouverture de 2 m de large a été décelée. La *villa* est restructurée à la fin du IIᵉ siècle ou dans la première moitié du IIIᵉ siècle. Un couloir est notamment aménagé à l'ouest et la zone septentrionale est divisée en trois espaces. Une ample salle semble les longer au sud, à l'emplacement de la future nef de l'église. On peut envisager plus au sud l'existence de trois pièces accolées, constituant le pendant de celles du nord, mais la fouille n'a pas pu être menée à cet emplacement. La cour est conservée au nord. Plusieurs indices laissent penser que le bâtiment fut abandonné autour des années 270, époque du siège de la ville par les troupes rebelles de Victorin. Aucune trace d'inhumation n'a été décelée pour

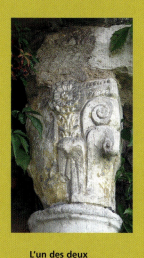

L'un des deux grands chapiteaux du haut Moyen Âge visibles sur la façade orientale. Ils soutiennent une large arcade monumentale utilisant d'anciennes colonnes antiques.

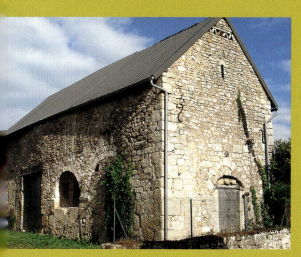

Façade occidentale de l'ancienne église de Saint-Pierre-l'Estrier qui a longtemps servi d'annexe agricole. Le mausolée de l'Antiquité tardive observé en 1985 s'élevait en avant du muret visible au premier plan.

cette période. Toutefois, la présence de stèles en position secondaire, c'est-à-dire déplacées de leur position initiale, et de céramiques résiduelles provenant d'incinérations conduit à envisager l'existence d'un espace funéraire non loin du site.

À la fin du IIIe siècle ou au début du IVe, les vestiges de l'ancienne *villa* devaient encore marquer le paysage puisqu'ils sont à nouveau occupés. C'est en effet à cette époque qu'est greffée une structure rectangulaire à l'ouest du bâtiment. Seule une partie de cet élément conservé sous la rue actuelle – la rue de l'Hermitage – a pu être étudiée en 1985 par Alain Rebourg, à l'occasion d'un suivi de travaux et, pour sa partie orientale, lors de l'étude dirigée par Christian Sapin. Bien que fortement perturbée à l'ouest et à l'est, la forme rectangulaire de cette structure (8 x 6,50 m) a été mise en évidence. Elle comportait deux espaces : une chambre orientale et une chambre occidentale liées par une ouverture centrale. Ses murs assez massifs conduisent à restituer un voûtement des deux chambres, voire même un étage. Cette construction correspond vraisemblablement à un mausolée où prenaient place, dans chacune des chambres funéraires, des caveaux légèrement excavés, de type *formae*, ou des sarcophages non enfouis. À l'époque de sa construction, ce mausolée ne devait pas être isolé. Dans des sources anciennes et plus récentes, il est question dans cette zone de la présence de structures apparemment comparables qui, aux IVe-Ve siècles, accueillirent parfois des sépultures d'évêques.

C'est aussi à la fin du IIIe ou au début du IVe siècle que se développe un premier horizon funéraire, ce qui tend à confirmer la fonction de la construction aménagée à l'ouest de l'ancienne *villa*. Ces premières sépultures, reconnues dans tous les secteurs du site, sont en majorité en pleine terre, la tête placée à l'ouest. Quelques pierres de calage laissent toutefois envisager l'existence de planches ou de coffrages de bois. Aucun mobilier permettant d'appréhender la population concernée n'est associé à ces sépultures, mais le contrôle et la gestion visiblement très stricts des nombreuses

Fragment du sarcophage d'Euphronia découvert sur la nécropole de Saint-Pierre-l'Estrier. L'inscription indique que l'inhumée était chrétienne.

Gobelet en verre olivâtre issu de la sépulture 62, IVe siècle.

inhumations peuvent être mis au crédit d'une communauté chrétienne. Rappelons à cet égard que plusieurs inscriptions à caractère chrétien, dont la fameuse pierre gravée de Pectorios conservée au musée Rolin (voir p. 123) et remontant sans doute au IVe siècle, ont été trouvées dans les environs du site.

Au cours du deuxième quart ou au milieu du IVe siècle, certains murs de l'ancienne *villa* sont reconstruits, tandis que le mausolée occidental est maintenu. L'édifice ainsi restructuré a clairement une vocation funéraire en lien avec le mausolée. Par ailleurs, la zone nord du bâtiment, divisée en plusieurs unités architecturales, accueille des sépultures privilégiées. Six individus ont été enterrés en ce lieu : deux femmes et quatre hommes. En outre, au nord du mur septentrional, on a trouvé un sarcophage de plomb, aujourd'hui exposé au musée Rolin, dans lequel avait été inhumé un enfant.

Trois autres sépultures de même type ont été découvertes en 1995 au nord du site de l'église de Saint-Pierre-l'Estrier. Elles appartenaient à deux groupes correspondant vraisemblablement à deux phases distinctes. Du point de vue technique, les cercueils de plomb étaient comparables à celui destiné à un enfant trouvé à Saint-Pierre-l'Estrier. Toutefois, les trois sépultures septentrionales avaient été placées dans un coffre de bois. Ces inhumations faisaient vraisemblablement partie d'un espace funéraire privilégié, extension septentrionale de la zone cimétériale identifiée à Saint-Pierre-l'Estrier.

Un changement majeur intervient au Ve siècle : une abside est aménagée à l'est de l'ancien bâtiment funéraire dont certains murs sont repris. Cette phase correspond sans ambiguïté à la création d'une église. Au VIe siècle, l'espace occidental accueille des sarcophages de pierre.

Bien que partielle, puisque les zones méridionale et orientale n'ont pu être fouillées et que l'emplacement de l'ancienne nef de l'église a été fortement perturbé par la création d'une cave au début du XIXe siècle, l'étude archéologique menée sur le site de Saint-Pierre-l'Estrier atteste du développement d'une importante aire funéraire dès la fin du IIIe siècle ou le début du IVe à l'emplacement des vestiges d'une ancienne *villa* suburbaine. L'extension de cet espace funéraire est difficile à cerner. Il semble cependant clair qu'il se serait développé au nord et à l'est, où a été aménagée l'église Saint-Étienne dont, pour l'heure, rien n'est connu.

Deux inhumations de l'Antiquité tardive fouillées en 2007 chez un particulier, en face de l'église de Saint-Pierre-l'Estrier.

Cercueil d'enfant en plomb du IVe siècle découvert aux environs du mausolée (en cours de fouille).

La fin de la ville antique

C'est sur ces bases renouvelées, qui rendent aux Éduens le prestige qui était le leur sous le Haut-Empire, que se prolonge l'histoire de la ville au IVe siècle. Un phénomène nouveau apparaît cependant : le christianisme. Il est introduit de manière précoce, puisque Autun est dotée d'un évêque, le fameux Réticius, proche de Constantin, que ce dernier convoque aux synodes de Rome en 313 et d'Arles en 314. L'importance locale de la nouvelle religion se trouve par ailleurs confirmée par l'inscription grecque exceptionnelle découverte près de la ville en l'honneur d'un certain Pectorios et datée de la fin du IIIe-début du IVe siècle. Enfin, il revient à un poète anonyme chrétien de rappeler pour la dernière fois, vers 320, que les Éduens sont frères des Romains (*Laudes domini*).

La première moitié du IVe siècle demeure assurément le dernier grand moment pour l'histoire de la ville romaine monumentale, alors que la société change en profondeur, et avec elle le cadre urbain, en raison du manque d'entretien des bâtiments publics et privés et de la désaffection de nombreux îlots auparavant peuplés. Pour autant, Autun demeure une ville importante, à la fois place forte protégée par son enceinte et encore lieu de séjour des souverains et des chefs de guerre : l'usurpateur Magnence s'y fait proclamer empereur lors d'un banquet en janvier 350, tandis qu'il séjourne dans la région pour chasser. Plus tard en 354, Silvanus, chef militaire franc au service de Constance II, défend la ville contre des incursions de Germains, et l'empereur Julien passe brièvement à Autun en 356, tandis que les campagnes sont parcourues par des pilleurs barbares.

Au temps des prédications de saint Martin, dans les années 370, la ville commande un territoire réduit, amputé de Chalon-sur-Saône et d'Auxerre. Si le prestige et le rôle d'Autun restent considérables à cette époque, le cadre monumental change radicalement en comparaison des années 300 : beaucoup de monuments sont détruits ou en cours de démantèlement entre 370 et 400. Le phénomène touche certes des temples, désormais délaissés par une partie de la population au profit du christianisme, mais pas seulement. Des monuments publics civils, désaffectés et devenus, pour certains, de véritables carrières à ciel ouvert au cœur de la ville, en offrent d'autres exemples. Vers 400, Autun n'a pas disparu, mais les valeurs attachées à la ville et à ses bâtiments, longtemps demeurés le lieu d'incarnation de l'identité civique, ont radicalement changé. À cette date, *Augustodunum* est toujours un pôle urbain important, mais certainement plus une ville romaine.

Inscription de Pectorios : « Race divine du Poisson céleste, garde un cœur saint, puisque parmi les mortels, tu as reçu la source immortelle des eaux divines. Réchauffe ton âme, ami, aux eaux intarissables d'une sagesse source de richesses. Prends l'aliment doux comme miel du sauveur des saints. Mange, toi qui as faim, en prenant le poisson dans tes mains. Poisson qui nourris les poissons (?), maître et sauveur, que ma mère Lilaiô repose donc en paix, je t'en supplie, lumière des morts. Aschandios mon père, cher à mon cœur, avec ma tendre (?) mère et avec mes frères (?), dans la paix du Poisson, souviens-toi de ton Pectorios ! » (Traduction de J.-Cl. Decourt). Musée Rolin.

Les musées d'Autun

Depuis le XIXe siècle, les collections antiques se répartissent entre le musée Rolin et le musée lapidaire Saint-Nicolas. Le premier, dans la ville haute, est installé dans le magnifique hôtel privé du chancelier du duc de Bourgogne, Nicolas Rolin (XVe siècle). Le second, petit musée au charme romantique créé en 1861 par la Société Éduenne, occupe l'ancienne chapelle romane de l'hôpital Saint-Nicolas-et-Saint-Éloi-en-Marchaux et un petit cloître dont les galeries se déploient autour d'un jardin ponctué de colonnes et de stèles.

Le musée lapidaire Saint-Nicolas   126

Le musée Rolin   128

Le musée lapidaire Saint-Nicolas

Les témoignages des édifices publics de la nouvelle cité, *Augustodunum*, « sœur et émule de Rome », se rencontrent dans les collections du musée lapidaire Saint-Nicolas : impressionnantes colonnes en calcaire marbrier gris à veines de calcite blanche de Gilly (Saône-et-Loire) ou Diou (Allier) (110 cm de diamètre), fûts de pilastres présentent jusqu'à 24 cannelures rudentées, corniches de placage riches de modèles différents. La corniche en calcaire du Tonnerrois, blanc, fin et d'aspect crayeux, présente un dessin d'oves et de fers de lance qui s'apparente à un type de Saintes daté de la fin du Ier siècle, tandis que la ciselure de ses feuilles d'acanthe évoque les séries de la fin du IIe siècle ; appartenant au temple dit « de la Fortune », son important retrait indique que l'édifice devait présenter une façade rythmée de pilastres ou de colonnes engagées.

Le décor des chapiteaux est une illustration de la volonté d'asseoir la suprématie et l'unité romaines dans les provinces. De par sa fondation augustéenne, Autun ne déroge pas à ce programme politico-esthétique. Si les chapiteaux de l'époque augusto-tibérienne sont représentés par l'ordre de la galerie de la porte Saint-André, ceux de la première moitié du Ier siècle (ou julio-claudiens) sont plus nombreux et caractéristiques. D'ordre corinthien, ils reprennent un prototype rencontré au temple de Mars Ultor, sur le forum d'Auguste, à Cherchell ou à Nîmes (Maison Carrée, porte d'Auguste). L'emploi du marbre de Carrare est spécifique aux équipes métropolitaines et ce n'est qu'exceptionnellement que les *lapidarii* régionaux se risquent à tailler ce matériau coûteux ; ils préfèrent le calcaire oolithique local (de type Fontaines), plus facile à sculpter.

Corniche corinthienne à métopes ornées en calcaire du Tonnerrois, fin du Ier siècle.

La borne milliaire d'Autun

Deux précieux fragments d'un indicateur routier (ici le fragment A), découverts en 1831, proviennent sans doute d'un même support polygonal. La borne renseignait les voyageurs faisant étape à *Augustodunum* sur les différents itinéraires, les stations qui les jalonnaient et les distances, exprimées en milles, qui les séparaient.

À Autun, par Dijon ou Chalon-sur-Saône, on rejoignait l'axe principal interprovincial Arles-Lyon-Langres, et par Decize, la route d'Orléans. Au nord, en allant jusqu'à Avallon, on empruntait un autre axe important, Avallon-Auxerre-Sens-(diverticule vers Troyes)-Meaux-Senlis. De Lyon, on pouvait gagner à l'est l'Italie par les Alpes. Des sites majeurs, comme Reims, Bourges, Langres, Trèves, Lyon ou Autun correspondaient à des carrefours routiers essentiels.

Le fragment A indique des stations de trois (peut-être quatre) voies rayonnant autour d'*Autessiodurum* (Auxerre), vers *Siduo* (peut-être Saulieu, appelée *Sidocoto* dans la Table de Peutinger et *Sidoloucum* dans l'*Itinéraire d'Antonin*), vers *Intaranum* (Entrains-sur-Nohain, Nièvre), par *Odouna* (Ouanne, Yonne).

Le fragment B offre des indications plus lointaines en mentionnant des stations de la voie principale d'Autun au Rhin, par Chalon-sur-Saône : *[Andemantunnum Li]ngonum* (Langres, Haute-Marne), *[Tullum Leuco]rum* (Toul, Meurthe-et-Moselle), *[Solimaria]ca* (Soulosse-sous-Saint-Élophe, Vosges).

Le fragment C (non conservé), mentionné dans le *Journal de Trévoux* (décembre 1706), était de grandes dimensions (10 à 12 pieds de longueur sur 6 à 8 pieds de largeur selon les remarques de l'abbé Germain [1689-1751], soit environ 3 m sur 2) : il indiquait l'itinéraire d'Autun à Rome et la mention de stations sur la *via Aemilia* en Italie : Bologne, Castel Franco, Modène, Reggio, Parme et la frontière de la Gaule Cisalpine et Transalpine. Cet itinéraire est celui qui passe par Chalon-sur-Saône, Lyon, Vienne, Die, Embrun, le col du Montgenèvre, Pavie, Plaisance, etc.

Marbre blanc, lettres gravées rehaussées de couleur rouge à l'époque moderne.

La face arrière porte des traces de broche et un trou de crampon en forme de triangle pour permettre la fixation.

Les chapiteaux de l'époque flavienne sont encore marqués par l'influence des modèles romains de la deuxième décennie du Ier siècle : retombées de bractées, acanthe à feuille d'olivier, volute à ruban lisse, fragment d'abaque à godrons et ovolo à tresse, fleuron…

Chapiteau corinthien de colonne à deux rangées de huit feuilles en marbre blanc, milieu du Ier siècle.

Le musée Rolin

Fragments de laraire (autel domestique) : socle et élément de corniche au riche décor, en schiste, avec incrustations de marbre jaune d'Afrique et de brèche veinée de Grèce et d'Asie Mineure. Ils auraient été découverts à la suite des travaux d'aménagement du chemin de fer (1892), accompagnés de pieds votifs, de deux œufs en terre cuite blanche et de deux petits autels en calcaire.

Les placages de marbres blancs ou de couleur (*crustae*), qui sont la forme la plus riche de décor des parois internes des édifices, rivalisent dans la cité éduenne avec la sombre élégance des schistes : ainsi des deux fragments exceptionnels d'un autel domestique ou laraire au décor de boucliers et de rosaces – pratiquement unique en Gaule, les seules références renvoient aux exemplaires intacts conservés en Campanie. Ce matériau extrait du bassin d'Autun a été très employé, principalement aux IIe et IIIe siècles ; son usage est destiné à de multiples objets de la vie quotidienne (dés à jouer, fusaïoles – voir p. 84 – gobelets...) et à des décors pariétaux figurés et sculptés avec finesse : des éléments de placage découverts dans le quartier de la gare auraient pu appartenir à la décoration de thermes. Lutteurs, arbitres, athlètes y côtoient des amours et des animaux sauvages. Un autre ensemble offre des motifs empruntés au répertoire guerrier : boucliers, lances et glaives…

À Autun, on décèle un goût local particulièrement développé pour l'usage des stucs, artisanat aussi coûteux que la mosaïque. Les fouilles de l'hôpital en ont livré un

Athlète (?), plaque de schiste.

ensemble polychrome qui reste sans comparaison dans le monde romain (fin IIIe-début IVe siècle) : une série d'arcades aveugles pare la paroi la plus longue (7,75 m), tandis que le mur à angle droit (5,75 m) se caractérise par la présence de caissons en creux surmontés de trois fenêtres hautes. L'aspect grandiose de ce décor plaide pour un édifice important, au luxe affirmé. La population éduenne prend à son compte les valeurs de l'*urbanitas*, par lesquelles Rome entend promouvoir un humanisme pétri d'hellénisme mais marqué par ses propres traditions et ouvert à toutes les assimilations.

Expression du raffinement des élites, les mosaïques d'*Augustodunum* témoignent du haut degré culturel de la cité. La mosaïque dite des Auteurs grecs provient d'une salle d'apparat aux dimensions moyennes (6 m sur 10,50 m), mais jouissant du confort d'un chauffage sur hypocauste (voir p. 82-83). Aux parois rehaussées de peintures murales tendant à imiter les placages colorés de marbres et de pierres décoratives, de pilastres cannelés à chapiteaux en stuc, répond un décor de sol qui combine des représentations de poètes et de philosophes (Épicure, Métrodore, Anacréon…) ; à chacun des personnages se rattache une maxime extraite de son œuvre. Ces inscriptions présentent plusieurs formes d'écriture, classique et moderne, qui en font une anthologie savante ayant pour thème le plaisir. Prônant un épicurisme authentique, le plus élevé, elles mettent en

Décor de stucs monochromes et polychromes provenant d'une salle appartenant à un grand édifice du Bas-Empire.

Dessin de restitution de la paroi A.

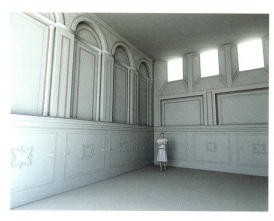

Médaillon central de la mosaïque dite de Bellérophon : *Bellérophon monté sur Pégase terrasse la Chimère*, calcaires polychromes, schiste et grès noirs, fin IIe-début IIIe siècle.

exergue la vertu sans laquelle il n'y a pas de vrai plaisir. Elles montrent l'ouverture des Écoles méniennes sur les écoles d'Athènes et l'évidente notabilité du propriétaire des lieux, peut-être un professeur de ces fameuses écoles d'Autun. Les critères paléographiques permettent de dater la mosaïque de la fin du IIe siècle apr. J.-C.

Réels amateurs d'art, les habitants de la cité éduenne collectionnaient, moins pour leur caractère religieux que par plaisir esthétique, les sculptures se référant à des exemples grecs illustres de la période classique et surtout hellénistique : le succès des répliques romaines de l'*Aphrodite de Cnide* ou de l'*Apollon lycien* de Praxitèle, le dieu-fleuve (voir p. 70), le pilier hermaïque en témoignent… Cette même source d'inspiration marque la production des statuettes en bronze, divinités tutélaires provenant des autels domestiques. Elles attestent toutes, d'Anost à Lormes, de Saint-André-en-Morvan à La Comelle, d'une occupation rurale dense, liée à la prospérité de la nouvelle métropole autunoise. Le Mercure panthée provenant d'Anost s'inscrit dans cette catégorie des dieux « porteurs » de leurs congénères : les effigies divines secondaires sont représentées en buste et fixées

Aureus monté en bijou de l'empereur Maximin le Thrace (235-238).

Tête de Vénus, marbre blanc. Le prototype est celui de l'*Aphrodite de Cnide* de Praxitèle (IVe siècle av. J.-C.), copiée de multiples fois par les sculpteurs romains.

Mercure et Bacchus (?), en marbre. Cette tête double face provient de l'extrémité supérieure d'un pilier hermaïque, élément de décor fréquent dans l'Antiquité romaine.

Statuette figurant Mercure panthée, alliage à base de cuivre.

Deux lutteurs aux prises, bronze, seconde moitié du IIe siècle. Ces lutteurs ont adopté l'attitude d'*Hercule et Antée* bien connue des exemplaires hellénistiques.

Vase phytomorphe en céramique blanche, Ateliers de Vichy (?), 2de moitié du Ier siècle-début du IIe. Le décor de pomme de pin de ce vase a été largement exporté dans les provinces occidentales de l'empire sous les Flaviens et les Antonins.

sur ses ailes dont les extrémités sont reliées par une barre semi-circulaire. De la main gauche, il présente une double corne d'abondance garnie de raisins et de six bustes de divinités, dont Tutela coiffée des tours de la ville. L'ensemble de très belle facture, réalisé selon la technique de la fonte à cire perdue, a été coulé d'un seul tenant prouvant l'intervention d'un artisan chevronné.

La fouille du théâtre rural des Bardiaux à Arleuf (Nièvre, voir p. 105) a révélé, outre des ornements d'attelage en bronze massif d'une rare qualité, une remarquable statue représentant la divinité de l'Abondance, baptisée, lors de sa découverte en 1975, du nom de Dame des Bardiaux (voir p. 106). Cette belle réalisation en bronze du IIe siècle, même si elle a perdu ses attributs (patère et corne d'abondance), prouve la vivacité de cet engouement pour la sculpture hellénistique des artisans gaulois : les traits du visage sont certes un peu lourds, mais l'élégance de l'attitude, le drapé du péplos et les mèches savamment enroulées de la coiffure affichent une grande maîtrise du sculpteur.

Une autre pièce d'exception, le taureau tricornu d'Auxy, qui répète le poncif de petits taureaux en bronze coulé

Autel avec taureau tricornu en bronze à patine verte. Il porte sur son socle une inscription dédiée à Auguste : AVG(VSTO) SACRVM/ BOIIORIX/DAE SVA PECVNIA (« Consacré à Auguste/Boiiorix [a fait faire ce monument] de ses propres deniers »).

Remarquable casque de parade en tôle de bronze martelé d'un visage et autrefois doré (Ier siècle). Deux longues feuilles ont été placées en guise de garde-joues.

Jet d'eau en forme de chien couché en marbre blanc. Il s'agit d'un élément de fontaine ornant le jardin d'une riche *domus*.

figurant l'animal jeune, l'air conquérant, témoigne du culte aux divinités topiques, de tradition celtique ; son socle arbore la dédicace d'un certain Boiiorix ; il était présenté dans un autel en grès bien conservé et qui était à l'origine surmonté d'un toit à deux pentes et fermé par une grille.

On a vu que l'importance de l'eau et sa gestion à *Augustodunum* avait donné lieu à des infrastructures complexes (aqueducs, bassins d'adduction et d'évacuation… voir p. 54-56). Les fontaines publiques, les thermes et les demeures de certains notables faisaient eux aussi, dans leur décoration, la part belle à cet élément.

Ainsi dans les cours de demeures, souvent agrémentées de colonnades et de bassins maçonnés, on pouvait admirer au cœur des jardins de magnifiques jets d'eau et des statues – dont ne subsistent malheureusement qu'une pomme de pin en marbre de Carrare (voir p. 54) et un chien couché. La présence de vasques rectangulaires à pieds en dalle, toutes taillées dans des marbres ou des roches dures de grande qualité, est particulièrement rare en Gaule : elles répètent un modèle vraisemblablement d'origine grecque, diffusé dans la première moitié du Ier siècle de notre ère dans le monde romain – par exemple, les vasques de la *domus* des *Vettii* à Pompéi.

L'ensemble que forment les collections antiques des musées d'Autun reflète les évolutions et la complexité d'une ville qui fut parmi les plus importantes de la Gaule romaine. Le luxe des objets et décors qui nous sont parvenus témoigne de la puissance et du raffinement des Éduens.

Chronologie

Éduens, Bibracte, Autun

Époque néolithique : site structuré au lieu-dit Pierrefitte et aux Grands-Champs (nord-ouest d'Autun) ; zone d'habitat au Champ de la Justice (Saint-Pantaléon).

Milieu du IIe siècle av. J.-C. : conclusion d'une alliance entre Rome et les Éduens.

Fin du IIe siècle av. J.-C. : fondation de Bibracte par les Éduens, l'un des peuples les plus puissants de Gaule. Pénétration massive en Gaule centrale des produits méditerranéens (vin, huile).

Première moitié du Ier siècle av. J.-C. : conflit entre les Éduens et les Séquanes.

Les Éduens sont vaincus par les Séquanes, associés à Arioviste. Un de leurs chefs, Divitiac, se rend à Rome à la fin des années 60.

César rend le premier rang aux Éduens. Lui-même fréquente Bibracte, où il écrit, durant l'hiver 52-51, les sept premiers livres de la *Guerre des Gaules*. Alliés de César, les Éduens ne font défection que trois mois en 52.

Seconde moitié du Ier siècle av. J.-C. : apparition de bâtiments calqués sur le modèle romain à Bibracte (*domus*, « basilique »).

Vers 16-13 av. J.-C. : organisation administrative des provinces et cités gauloises.

Fin du Ier siècle av. J.-C. / début du Ier siècle apr. J.-C : démarrage de la construction de l'enceinte d'Autun, mise en place de la trame urbaine. Le déclin de Bibracte commence.

Première moitié du Ier siècle : abondance des ateliers métallurgiques au sein de la ville. Développement de la parure monumentale et de l'habitat.

Présence attestée d'écoles universitaires et d'un centre de formation de gladiateurs.

68-70 : les Éduens prennent parti pour Galba puis pour Vitellius. Ils en retirent des avantages.

Époque flavienne (fin du Ier siècle) : grand développement de l'habitat (passage d'une architecture de terre et bois à une architecture de pierre). Embellissement du forum. Construction de l'amphithéâtre.

IIe siècle-premier tiers du IIIe siècle : pleine expansion d'Autun, attestée par une abondante culture matérielle. Agrandissement et luxe de l'habitat. Réalisation des plus belles mosaïques.

269 : Victorin prend Autun après sept mois de siège. Importante rétraction dans l'urbanisme.

Fin du IIIe-début du IVe siècle : monumentalisation du *cardo maximus* et restauration d'un monument (*Scholae maenianae*?), ainsi que d'un tronçon de l'aqueduc, attestées par des fouilles récentes.

Constance Chlore puis Constantin sont remerciés par des notables d'Autun pour avoir restauré leur ville et la cité.

311 : Constantin visite Autun.

350 : proclamation de l'usurpateur Magnence à Autun.

356 : l'empereur Julien libère Autun, assiégée par des bandes itinérantes d'Alamans.

Vers 370 : saint Martin évangélise les campagnes éduennes.

Gaule

À partir de 125 av. J.-C. : conquête de la Transalpine par Rome. Lourde défaite des Arvernes. En 118, fondation de Narbonne, colonie romaine et capitale de la province.

Première moitié du Ier siècle av. J.-C. : création de nombreux oppidums.

70-60 av. J.-C. : incursions en Gaule des Germains d'Arioviste, qui occupent une partie du territoire séquane.

58-50 av. J.-C. : guerre des Gaules (52, Alésia).

Après 50 av. J.-C. : la Gaule celtique est rattachée à la province de la Transalpine.

43 av. J.-C. : fondation des colonies de Lyon et d'*Augusta Raurica*.

16-13 av. J.-C. : séjour d'Auguste à Lyon.

12 av. J.-C. : fondation par Drusus du sanctuaire confédéral des Trois Gaules sur la colline de la Croix-Rousse (Lyon). Le premier *sacerdos* (prêtre) est éduen.

21 : révolte sans suites de plusieurs cités gauloises sous la conduite d'un Trévire et d'un Éduen.

Hiver 39-40 : l'empereur Caligula séjourne à Lyon et effectue une tournée en Gaule.

48 : Claude propose au Sénat romain d'accorder aux notables gaulois le droit d'y être nommés. Le Sénat refuse, mais fait une exception pour les Éduens.

68-70 : agitation en Gaule. Troubles liés aux guerres civiles.

121 : l'empereur Hadrien visite la Narbonnaise.

186 : troubles en Gaule causés par des déserteurs de l'armée romaine.

196 : Septime Sévère défait son concurrent, l'empereur Clodius Albinus, à Lyon.

Milieu du IIIe siècle : pression accrue des Germains et des Alamans sur les frontières rhénanes. Campagnes de Sévère Alexandre et de Maximin le Thrace en 234-237.

260-275 : « Empire gaulois ».

286 : Trèves devient, avec Milan, l'une des résidences impériales de l'Occident romain.

297 : reconquête de la Bretagne après plusieurs années de sécession par Constance Ier.

306 : avènement de Constantin à York. Il installe sa cour à Trèves.

337-361 : présence continue en Gaule d'un membre de la dynastie des Constantinides (Constantin II, Constans, Constance II, Julien).

350-353 : la Gaule est aux mains de l'usurpateur Magnence.

383-388 : usurpation de l'empereur Maxime en Gaule.

392-394 : usurpation de l'empereur Eugène en Gaule.

Rome

VIIIe siècle av. J.-C. : fondation de Rome par les Étrusques.

IIIe siècle av. J.-C. : première et deuxième guerre punique. Rome contrôle la partie orientale de la Méditerranée.

IIe siècle av. J.-C. : expansion de Rome dans la partie orientale de la Méditerranée.

Conquête et création de la province de Gaule cisalpine.

101 av. J.-C. : victoire de Marius contre les Cimbres et les Teutons.

Naissance de Jules César.

Première moitié du Ier siècle av. J.-C. : guerres contre Mithridate du Pont en Orient (88-66), révolte de Spartacus en Italie en 73-71, conjuration de Catilina à Rome en 63.

59 av. J.-C. : César gouverneur de Cisalpine et de Transalpine.

53 av. J.-C. : les légions de Crassus sont écrasées par les Parthes. Fin de l'alliance César-Pompée-Crassus.

49 av. J.-C. : début des guerres civiles.

44 av. J.-C. : mort de Jules César.

31 av. J.-C. : défaite navale de Cléopâtre et de Marc Antoine à Actium.

27 av. J.-C.-14 apr. J.-C. : règne de l'empereur Auguste.

14-68 : la dynastie julio-claudienne est au pouvoir. Se succèdent Tibère (14-37), Caligula (37-41), Claude (41-54) et Néron (54-68).

Crise de l'année 68-69 : trois empereurs éphémères se succèdent : Galba, Othon, Vitellius. Vespasien, chef des légions d'Orient, parvient à s'imposer.

70-96 : dynastie des Flaviens (Vespasien, Titus, Domitien).

96-192 : dynastie des Antonins (Nerva, Trajan, Hadrien, Antonin, Marc Aurèle, Commode). *Pax romana*, période d'âge d'or pour l'Empire romain.

193-235 : crise politique à Rome après l'assassinat de Commode. Septime Sévère élimine ses compétiteurs entre 193 et 196 et fonde une nouvelle dynastie. Dernière grande période de prospérité et de stabilité pour l'Empire romain.

235-284 : « crise du IIIe siècle ». L'Empire romain subit désormais des guerres à ses frontières (Rhin, Danube, Euphrate). Instabilité politique aux sommets de l'État.

284 : avènement de Dioclétien.

293 : instauration de la Tétrarchie.

306-337 : règne de Constantin. Ses fils lui succèdent.

312 : victoire de Constantin sur Maxence à la bataille du pont Milvius. Début de la christianisation de l'empire.

363 : mort de l'empereur Julien, dernier des Constantinides.

364-392 : dynastie des Valentiniens à la tête de l'empire.

392-395 : Théodose Ier est le dernier empereur à régner sur un empire uni.

Bibliographie

BALCON-BERRY S., « La ville haute d'Autun dans l'Antiquité », in SAURON G. (dir.) *Antiquité, archéologie classique, Bulletin archéologique du comité des travaux historiques et scientifiques*, n° 35, 2009, p. 9-33.

BARRAL P., LUGINBÜHL T., NOUVEL P., « Topographie et fonctions religieuses sur l'*oppidum* de Bibracte et sa périphérie », in CAZANOVE O. de, MENIEL P. (dir.), *Étudier les lieux de culte en Gaule romaine*, actes de la table ronde internationale organisée par l'UMR ARTéHIS (Dijon, université de Bourgogne, septembre 2009), Montagnac, éditions Mergoil, 2012, p. 161-179.

BARRAL P., NOUVEL P., « La dynamique d'urbanisation à l'âge du fer dans le centre-est de la France (Bourgogne, Franche-Comté) : bilan des acquis récents et étude de cas », in SIEVERS S., SCHÖNFELDER M. (éd.), *L'Âge du fer entre la Champagne et la vallée du Rhin. La question de la proto-urbanisation à l'âge du fer*, 34ᵉ colloque international de l'AFEAF, Aschaffenburg (Allemagne), 13-16 mai 2010, RGK, RGZM et AFEAF éd., 2012, p. 139-164.

BARRIÈRE V., « Relevés architecturaux connus et méconnus de la porte d'Arroux : étude de la documentation graphique relative aux antiques d'Autun dans les collections de la Société Éduenne. Les travaux de Chenavard et de Roidot-Deléage », *Mémoires de la Société Éduenne*, 57, fascicule 5, 2009-2010, p. 333-343.

BARRIÈRE V., « Les portes de l'enceinte antique d'Autun et leurs modèles (Gaule, Italie, provinces occidentales de l'Empire romain) », in *Sciences humaines combinées*, actes du 6ᵉ colloque interdoctoral en sciences humaines et sociales, organisé par les écoles doctorales LISIT (Dijon) et LETS (Besançon), 5-6 juin 2013, Dijon : http://revuesshs.u-bourgogne.fr/lisit491/document.php?id=1134.

BORAU L., « L'équipement hydraulique d'*Augustodunum*. Nouvelle étude », in SAURON G. (dir.), *Antiquité, archéologie classique*, 2009, p. 35-53.

BORAU L., LABAUNE, Y., MAURICE-CHABARD B., *Aqua : la gestion de l'eau à Augustodunum*, journal de l'exposition, 30 juin-11 octobre 2010, Autun, musée Rolin, 2010.

CAUUET B., TAMAS C.-G., « Ressources métalliques antiques entre Bibracte et Autun », in CHARDRON-PICAULT P. (dir.), *Hommes du feu. L'artisanat en pays éduen*, catalogue de l'exposition, 22 septembre 2007-28 janvier 2008, Autun, musée Rolin, 2007, p. 12-17.

CAUUET B., TAMAS C.-G., BOUSSICAULT M., « Le district stannifère d'Autun », in *Autun. Une capitale gallo-romaine*, dossiers *Archéologie et sciences des origines*, Dijon, éditions Faton, n° 316, 2006, p. 26-27.

CAUUET B., TAMAS C.-G., GUILLAUMET J.-P., PETIT C., MONNA F., « Les exploitations minières en pays éduen », in *Autun. Une capitale gallo-romaine*, 2006, p. 20-25.

CHARDRON-PICAULT P., *Autun, une capitale gallo-romaine*, dossiers *Archéologie et sciences des origines*, n° 316, 2006.

CHARDRON-PICAULT P., *Hommes de feu. L'artisanat en pays éduen*, catalogue de l'exposition, 22 septembre 2007-28 janvier 2008, Autun, musée Rolin, 2007.

CHARDRON-PICAULT P., « Les artisanats de luxe chez les Éduens : les exemples de Bibracte et d'*Augustodunum* », in BARATTE F., JOLY M. (dir.), *Autour du trésor de Mâcon : luxe et quotidien* en *Gaule romaine*, actes du colloque, 27-29 janvier 2005, Mâcon, Institut de recherches du Val-de-Saône / Mâconnais, 2008.

CHARDRON-PICAULT P., « Les activités manufacturières dans la capitale des Éduens du Ier au IVe siècle de notre ère », in SAURON G. (dir.), *Antiquité, archéologie classique*, 2009, p. 55-80.

CHARDRON-PICAULT P., LORENZ J., RAT P., SAURON G. (dir.), *Les Roches décoratives dans l'architecture antique et du Haut Moyen Âge*, actes du colloque d'Autun, Paris, éditions du Comité des travaux historiques et scientifiques, 2004.

FORT A., « L'enceinte romaine d'Autun : plan et données métrologiques à la lumière des observations récentes », in SAURON G. (dir.), *Antiquité, archéologie classique*, 2009, p. 81-95.

FORT B., LABAUNE Y., « Les *militaria* du début du Haut-Empire (Ier-IIe siècle de notre ère) retrouvées à Autun (Saône-et-Loire) », in POUX M. (dir.), *Sur les traces de César. Militaria tardo-républicains en contexte gaulois*, actes de la table ronde organisée au Centre archéologique du mont Beuvray, 17 octobre 2002, Bibracte, Centre archéologique européen, 2008, p. 141-158.

FRANCISCO S., LABAUNE Y., « Des vestiges antiques d'extraction de schistes à Autun / Saint-Pantaléon (Saône-et-Loire) ? Une nouvelle piste d'interprétation des levées du Champ de la Justice », *Revue archéologique de l'Est*, n° 58, 2009, p. 477-487.

GUILLAUMET J.-P., LABAUNE Y., « Les activités artisanales de Bibracte et d'Autun. Une pérennité des savoir-faire », in REDDÉ M. (dir.), *Aspects de la romanisation dans l'est de la Gaule*, Glux-en-Glenne, Bibracte, Centre archéologique européen, 2011, p. 895-906.

HOSTEIN A., « D'*Eporedirix* à *Iulius Calenus*, du chef éduen au chevalier romain (Ier siècle av. J.-C.-Ier siècle apr. J.-C.) », in CHAUSSON F. (éd.), *Occidents romains. Sénateurs, chevaliers, militaires et notables dans les provinces d'Occident*, Paris, éditions Errance, 2010, p. 49-80.

HOSTEIN A., *La Cité et l'empereur. Les Éduens dans l'Empire romain*, Paris, Publications de la Sorbonne, coll. « Histoire ancienne et médiévale », 2012.

KASPRZYK M., avec la collaboration de LABAUNE Y. et HOSTEIN A., « Le forum d'*Augustodunum* (Autun, Saône-et-Loire) : problèmes de localisation et de restitution », in BOUET A. (dir.), *Le Forum en Gaule et dans les régions voisines*, Bordeaux, éditions Ausonius, 2012, p. 257-275.

KASPRZYK M., LABAUNE Y., « La gestion des déchets à *Augustodunum* (Autun, Saône-et-Loire) durant l'époque romaine : les données archéologiques », in BALLET P. et *alii*, *La Ville et ses déchets dans le monde romain : rebuts et recyclages*, colloque de Poitiers, 2002, Montagnac, éditions Mergoil, 2003, p. 99-116.

KASPRZYK M., NOUVEL P., « Les mutations du réseau routier de la période laténienne au début de la période impériale. Apport des données archéologiques récentes », in REDDÉ M. et *alii* (dir.), *Aspects de la romanisation dans l'est de la Gaule*, 2011, p. 21-74.

KASPRZYK M., NOUVEL P., avec la collaboration d'HOSTEIN A., « Épigraphie religieuse et communautés civiques au Haut-Empire : la délimitation du territoire de la *civitas Aeduorum* aux IIe et IIIe siècles », *Revue archéologique de l'Est*, n° 61, 2012, p. 97-115.

LABAUNE Y., « Les nécropoles antiques d'Autun (Saône-et-Loire) : état de la question », *Revue archéologique*, n° 45, 2008/1, p. 161-217.

LABAUNE Y., « La topographie funéraire antique d'Autun : bilan et nouvelles propositions à la lumière des découvertes récentes », in SAURON G. (dir.), *Antiquité, archéologie classique*, 2009, p. 97-128.

LABAUNE Y., « Note sur trois fragments de statues en ronde bosse d'époque antique découverts récemment à Autun », in SAURON G. (dir.), Antiquité, archéologie classique, 2009, p. 205-208.

LABAUNE Y., « Quelques observations récentes sur des sites de l'Antiquité tardive à Autun (2001-2008) », in KASPRZYK M. et alii (dir.), L'Antiquité tardive dans l'est de la Gaule, actes du colloque de Strasbourg, 20-21 novembre 2008, Dijon, RAE, 2011, p. 41-68.

LABAUNE Y., « Découvertes inédites réalisées sur le complexe cultuel de La Genetoye à Autun », in CAZANOVE O. de, MENIEL P. (dir.), Étudier les lieux de culte en Gaule romaine, actes de la table ronde internationale organisée par l'UMR ARTéHIS (Dijon, université de Bourgogne, septembre 2009), Montagnac, éditions Mergoil, 2012, p. 123-133.

LABAUNE Y., KASPRZYK M., « Les rues d'Augustodunum (Autun, Saône-et-Loire) du Ier au IVe siècle : un bilan », in BALLET P. et alii (dir.), La Rue dans l'Antiquité : définition, devenir, aménagement, actes du colloque de Poitiers, 7-9 septembre 2006, Rennes, PUR, 2008, p. 259-273.

LABAUNE Y., LE BOHEC Y., « Une curieuse inscription découverte à Augustodunum (Saône-et-Loire) », Revue archéologique de l'Est, n° 56, 2007, p. 363-369.

LABAUNE Y., LOUIS A. (dir.), « Une schola monumentale découverte boulevard Frédéric-Latouche à Augustodunum/ Autun (Saône-et-Loire) », Gallia, t. 70, n° 2, 2013, p. 197-256.

LABAUNE Y., MEYLAN F., « Bibracte et Autun au début de l'époque romaine. Pour un regard croisé sur l'urbanisme et l'architecture », in REDDÉ M. et alii (dir.), Aspects de la romanisation dans l'est de la Gaule, 2011, p. 105-128.

LOUIS A., KASPRZYK M., LABAUNE Y., « Le dépôt de chaufournier de l'Antiquité tardive du site du pavillon Saint-Louis : le temple d'Apollon retrouvé ? », in JARDEL K. et alii (dir.), Décor des édifices édilitaires civils et religieux en Gaule durant l'Antiquité (Ier siècle av. J.-C.- IVe siècle apr. J.-C.), actes du colloque de Caen, 7-8 avril 2011, Chauvigny, APC, 2013, p. 381-399.

NOUVEL P., « Les voies romaines en Bourgogne antique : le cas de la voie dite de l'Océan attribuée à Agrippa », in CORBIN C. (éd.), Voies de communication des temps gallo-romains au XXe siècle, actes du 20e colloque de l'Association bourguignonne des Sociétés savantes, Saulieu, 16-17 octobre 2010, Saulieu, ABSS / Amis du vieux Saulieu, 2012, p. 9-57.

TAMAS C.-G., CAUUET B., LABAUNE Y., « Mining archaeology and geological studies of the ancient mines from the Morvan Massif (French Central Massif) », Studia Universitatis Babe-Bolyai, Geologia 2009, Special Issue, MAEGS, n° 16, 2009, p. 106-110.

VENAULT S., DEYTS S., LE BOHEC Y., LABAUNE Y., « Les stèles funéraires de la nécropole de Pont-l'Évêque à Autun : contextes de découverte et étude du corpus », in SAURON G. (dir.), Antiquité, archéologie classique, 2009, p. 129-204.

VENAULT S., LABAUNE Y., SYMONDS R., avec la collaboration de HUMBERT L., « Un nouveau témoignage d'occupation précoce à Augustodunum. L'enclos funéraire augusto-tibérien de la nécropole de Pont-l'Évêque à Autun (Saône-et-Loire) », in REDDÉ M. et alii (dir.), Aspects de la romanisation dans l'est de la Gaule, 2011, p. 767-780.

Glossaire

Ambitus
Espace qu'un propriétaire était obligé de laisser libre d'accès autour de sa maison pour la séparer de celle du voisin (il permettait notamment la récupération des eaux de ruissellement et l'accès aux toitures).

Antéfixe
Ornement généralement en terre cuite ou en pierre qui décorait la base du toit des édifices publics ou privés pour masquer les vides des tuiles creuses.

Architrave
Terme d'architecture désignant la partie inférieure de l'entablement qui porte directement sur les chapiteaux des colonnes ou des pilastres.

Arkose
Grès composé de quartz et de feldspath (contenant parfois du mica), résultant de la cimentation d'éléments provenant de la désintégration du granite.

Autel du Confluent
Situé sur la colline de la Croix-Rousse à Lyon, fondé en 10 avant notre ère par Drusus, l'Autel du Confluent (*Ara Romae et Augusti*) est le sanctuaire fédéral du culte impérial à l'échelle des Trois Gaules. Chaque année, le 1er août, les délégués des cités gauloises s'y réunissent pour célébrer avec faste l'empereur et sa famille.

Bagaudes
Ce nom fut donné aux bandes armées de brigands, de soldats déserteurs, d'esclaves et de paysans sans terre qui rançonnaient le nord de la Gaule aux IIIe et IVe siècles.

Basilique
Édifice rectangulaire avec nef et bas-côtés servant de tribunal et de bourse de commerce, ainsi que de lieu de réunion pour traiter des affaires privées.

Cardo
Dans le schéma d'urbanisme antique orthonormé, le *cardo* est un axe viaire d'orientation approximativement nord-sud. *Cardo maximus* est le nom consacré par l'usage à la rue principale qui structure la ville : à Autun, il est borné par les portes monumentales d'Arroux et de Rome (voir *Decumanus*).

Cella
Partie d'un temple où se trouve la statue du dieu.

Cité
Après la conquête romaine, le territoire gaulois se structure désormais autour de quatre provinces : la Narbonnaise (une région méridionale conquise dès la fin du IIe siècle av. J.-C.), la Gaule Belgique au nord-est, la Lyonnaise (de la Bretagne à la cité de Lyon) et l'Aquitaine, au sud-ouest. Dans chacune de ces provinces, les populations et les territoires sont regroupés en cités formant une communauté politique indépendante. La cité, modèle dominant d'organisation des sociétés antiques méditerranéennes, se compose toujours d'un corps de citoyens (*cives*, réunis dans un *populus*), d'un territoire (*ager*) et d'un chef-lieu (*caput civitatis*), qui abrite les institutions locales.

Crypto-portique
Terme architectonique désignant un couloir voûté souterrain, destiné à soutenir un bâtiment ou à compenser des dénivellations de terrain d'un monument, comme on peut le constater dans les forums provinciaux du Haut-Empire. En dehors de son utilité purement architectonique, le cryptoportique pouvait servir aux usages les plus divers mettant à profit son obscurité et sa fraîcheur (stockage de nourriture).

Decumanus
Dans le schéma d'urbanisme antique orthonormé, le *decumanus* est un axe routier d'orientation approximativement est-ouest (voir *cardo*).

Domus
Maison urbaine de l'Antiquité romaine.

Écoles méniennes
(en latin, *Scholae maenianae*). Le terme *maeniana* pourrait être soit le souvenir du fondateur des écoles (*Maenius* ?), soit provenir

de *maenianum* (balcon) et désigner ainsi une caractéristique architecturale remarquable du bâtiment. Cet établissement dispense un enseignement supérieur (rhétorique, droit, lettres, géographie et histoire) destiné à l'élite des Gaules. Il est cité par Tacite au début du Ier siècle, puis par Eumène à la fin du IIIe siècle. Son emplacement, longtemps recherché par des générations d'érudits, pourrait avoir été retrouvé en 2010 à l'occasion d'un diagnostic d'archéologie préventive.

Éduens

Peuple de la Gaule, parmi les plus puissants. Alliés des Romains depuis le IIe siècle av. J.-C., les Éduens soutinrent cependant Vercingétorix en 51 avant notre ère. Leur capitale à l'époque gauloise est Bibracte, elle sera progressivement abandonnée sous le règne de Tibère au profit d'*Augustodunum*. En 48, l'empereur Claude souhaite, dans un discours fameux transcrit sur la Table claudienne, que le peuple des Éduens soit le premier peuple gaulois à rejoindre le Sénat à Rome.

Entablement

Terme d'architecture désignant la partie supérieure d'un bâtiment faisant saillie sur la façade et qui soutient la charpente de la toiture.

Eumène

(v. 240 - v. 300 ?) Notable éduen, chevalier romain, Eumène est responsable de la chancellerie impériale vers 290. Rhéteur, il est nommé directeur des Écoles d'Autun après sa retraite ; en 298, il prononce devant le gouverneur de Lyonnaise un important discours qui nous est parvenu (*Pan. Latins*, V, 9).

Évergète

Durant l'Antiquité, ce terme désigne un notable qui fait profiter la collectivité de ses richesses (construction ou entretien de bâtiments publics, jeux, etc.). Apparue dans le monde hellénistique, la pratique de l'évergétisme est devenue une obligation morale à l'époque romaine.

Fanum

Type de temple qui, pour l'époque romaine, est uniquement attesté dans les provinces gauloises. Le plan caractéristique associe une tour centrale entourée d'une galerie périphérique prenant fréquemment au sol la forme de deux carrés emboîtés, à l'instar du temple dit de Janus. Ce type d'édifice cultuel trouve son origine à l'époque gauloise.

Fibule

Épingle de métal servant à fixer les vêtements.

Gallia comata

Expression latine désignant le territoire gaulois situé entre Rhin et Pyrénées avant la conquête romaine. L'expression française correspondante est « Gaule chevelue ».

Gaule chevelue

Voir *Gallia comata*.

Hallstatt

Période également appelée premier âge du fer, succédant à l'âge du bronze final et précédant la période laténienne. Elle tire son nom de celui du site archéologique de Hallstatt, en Autriche (exploitation du sel gemme). Elle se subdivise en quatre grandes phases avant notre ère (A : vers 1200-1000 ; B : vers 1000-800 ; C : vers 800-650 ; D : vers 650-475).

Hypocauste

Système de chauffage par le sol utilisé à l'époque romaine dans les habitats et les thermes. Une pièce équipée d'un hypocauste possède un sol suspendu maintenu par des pilettes formées de briques superposées qui permet la circulation de l'air chaud fourni par un foyer situé dans une petite pièce adjacente (*praefurnium*). Afin que l'air chaud circule mieux dans les salles, les murs étaient doublés intérieurement par un réseau de tubulures (*tubuli* en latin), canalisations de terre cuite de section rectangulaire mises bout à bout. L'évacuation des gaz chauds se faisait le plus souvent par des cheminées.

Interfluve

Terme géographique désignant le relief compris entre deux fonds de vallées (thalwegs).

Laténien
Voir Tène.

Méthode radiocarbone
Méthode de datation radiométrique basée sur la mesure de l'activité radiologique du carbone 14 (^{14}C) contenu dans de la matière organique dont on souhaite connaître l'âge absolu, à savoir le temps écoulé depuis sa mort (la datation ^{14}C d'un charbon de bois fournit ainsi la date d'abattage de l'arbre dont on a brûlé un morceau).

Nymphée
Terme architectural désignant une fontaine monumentale ou un édifice bâti autour d'une fontaine ou d'un bassin, généralement richement décoré de statues.

Oppidum
Habitat fortifié laténien d'une superficie importante (plusieurs dizaines d'hectares) généralement situé sur une éminence, mais que l'on peut également rencontrer en plaine, par exemple dans l'espace circonscrit par le méandre d'un cours d'eau (terme utilisé par César dans la *Guerre des Gaules*). L'apparition et l'essor des oppidums sont caractéristiques des IIe et Ier siècles av. J.-C. Le terme de « civilisation des *oppida* » désigne l'unité culturelle des peuples celtes sur le continent européen, sur un territoire allant du sud de l'Angleterre à l'Europe centrale.

Opus caementicium
Mélange de pierres ou de fragments de terre cuite lié au mortier de chaux. Il est utilisé comme noyau interne d'un mur parementé.

Opus sectile
Marqueterie composée d'une juxtaposition d'éléments en roches décoratives (appelées *crustae*) qui s'emboîtent les unes dans les autres pour former le décor d'un sol ou d'un mur.

Palestre
Partie des thermes où se pratiquaient les exercices physiques.

Permien
Le Permien, nommé d'après la ville de Perm en Russie, est une période géologique comprise entre 300 et 250 millions d'années. À cette époque, la dépression du bassin d'Autun formait un lac qui a été progressivement comblé par la sédimentation d'éléments organiques (poissons, algues) en donnant naissance aux horizons de schistes bitumineux qui renferment de nombreux fossiles.

Podium
Soubassement maçonné qui peut servir de support à un édifice monumental, par exemple un temple.

Rhétien
Période géologique qui correspond à l'étage le plus récent du Trias, entre 208 et 201 millions d'années.

RSFO (Rhin, Suisse, France orientale)
Culture matérielle de l'âge du bronze final.

Seconde Sophistique
Un sophiste désigne à l'origine un orateur et professeur d'éloquence dans la Grèce antique. L'expression « Seconde Sophistique » a été inventée par le philosophe Philostate d'Athènes au début du IIIe siècle de notre ère pour désigner le retour à la culture grecque amorcé dans le courant du IIe siècle.

***Sevir* augustal**
Affranchi désigné pour une durée d'un an par la curie en fonction de sa richesse et de son honorabilité pour participer à la célébration du culte impérial dans les provinces à partir du règne d'Auguste. Il assume les frais des sacrifices et des fêtes pluriannuels liés à ce culte, au nom de la population. Le statut de *sevir* constitue un titre honorifique prestigieux.

Stuc
Enduit à base de chaux et de poudre de marbre permettant la réalisation de décors en relief par modelage ou estampage.

Suburbium
Désigne l'espace périurbain situé à l'extérieur des limites de la ville (pour Autun, à l'extérieur des remparts) et à relative proximité de cette dernière (quelques kilomètres au maximum). On y trouve par exemple les nécropoles, certains espaces cultuels, les décharges publiques, ainsi que de grandes *villae* périurbaines

installées aux portes de la cité.

Table claudienne
La Table claudienne est un document épigraphique sur bronze découvert au XVIIe siècle à l'emplacement de l'Autel du Confluent* à Lyon. Source de première importance, cette inscription lacunaire reproduit fidèlement le discours prononcé par l'empereur Claude au Sénat en 48 apr. J.-C. pour introduire dans l'assemblée les notables des Trois Gaules qui en étaient alors exclus. Dans un premier temps, seuls les Éduens bénéficièrent de ce privilège.

Tapis (mosaïque au sol)
La mosaïque est l'assemblage de petits cubes de pierre ou de verre (appelés tesselles) liés au mortier formant un décor géométrique ou figuratif sur un sol ou le parement d'un mur. Dans le cas d'un pavement, on parle parfois du « tapis d'une mosaïque » pour désigner ce registre décoratif.

Tène
Période également appelée second âge du fer. Succédant au Hallstatt et précédant la conquête romaine sur le territoire de la Gaule chevelue, cette période marque la fin de la protohistoire. Elle tire son nom d'un site archéologique découvert en 1857 en Suisse, près du lac de Neuchâtel. La Tène donne l'adjectif « laténien(ne) » et se subdivise en quatre grandes phases (A : vers 475-400 ; B : vers 400-260 ; C : vers 260-150 ; D : vers 150-30).

Trias
Cette période géologique est comprise entre 250 et 200 millions d'années avant notre ère.

Trois Gaules
Nom donné après la conquête (après 52 av. J.-C.) aux trois provinces romaines qui correspondent au territoire de l'ancienne Gaule chevelue : il s'agit de la Gaule Belgique au nord-est, de la Lyonnaise (de la Bretagne à la cité de Lyon) et de l'Aquitaine, au sud-ouest.

Voie(s) d'Agrippa
Vers 20 av. J.-C., on assiste à une profonde réorganisation administrative des territoires nouvellement conquis que les sources historiques attribuent à Agrippa, général romain alors présent en Gaule. Ainsi Strabon lui alloue la mise en place d'un réseau routier qui aurait pris comme origine la colonie de Lyon nouvellement fondée. L'un de ces segments est la voie dite de l'Océan reliant Lyon à Boulogne-sur-Mer et passant par *Augustodunum*.

Informations pratiques

**Direction régionale
des Affaires culturelles
de Bourgogne**
Hôtel Chartraire de Montigny
39-41, rue Vannerie
21000 Dijon
Tél. : 03 80 68 50 50
Courriel : contact.drac-bourgogne@culture.gouv.fr
Site Internet : www.culturecommunication.gouv.fr/Regions/Drac-Bourgogne

**Centre municipal d'archéologie
et du patrimoine Alain-Rebourg**
5, rue Bouteiller
71403 Autun cedex
Tél. : 03 85 52 73 50
Courriel : service.archeo@autun.com
Site Internet : www.autun.com/Decouvrir-la-ville/centre-d-archeologie-et-du-patrimoine

Musée Rolin
3, rue des Bancs
71400 Autun
Tél. : 03 85 52 09 76
Courriel : musee.rolin@autun.com
Ouvert tous les jours sauf mardi
De 10 h à 13 h et de 14 h à 18 h

Musée lapidaire Saint-Nicolas
10, rue Saint-Nicolas
71400 Autun
Ouvert d'avril à septembre tous les après-midis
(sauf mardi et samedi)
De 14 h à 16 h
Fermeture en juillet

**Muséum d'histoire naturelle
Jacques-de-La-Comble
(collections préhistoriques)**
14, rue Saint-Antoine
71400 Autun
Tél. : 03 85 52 09 15
Courriel : museum@autun.com

**Office de tourisme d'Autun
et de l'Autunois**
13, rue du Général-Demetz
71400 Autun
Tél. : 03 85 86 80 38
Courriel : welcome@autun-tourisme.com
Site Internet : www.autun-tourisme.com

**Parc archéologique - Centre archéologique
européen - Bibracte en Bourgogne**
Bibracte – Mont Beuvray
71990 Saint-Léger-sous-Beuvray
Tél. : 03 85 86 52 35
Courriel : info@bibracte.fr
Site Internet : www.bibracte.fr
Musée : ouvert tous les jours de mi-mars
à mi-novembre
De 10 h à 18 h et jusqu'à 19 h en juillet et en août
Ouverture exceptionnelle jusqu'à 22 h le mercredi
en juillet et août
Site archéologique : ouvert toute l'année.
Visite guidée

Itinéraire antique

Ce circuit permet de voir ou de visiter, dans la ville actuelle, les vestiges de la ville romaine. Il dure environ une heure et demie à pied et une heure en voiture. Nous suggérons d'ajouter la visite des musées, qui méritent que l'on s'y attarde.

**1
Le temple dit de Janus**
Un sanctuaire laténien, éventuellement associé à une agglomération de plaine, existait peut-être à quelque 500 m au nord de la future ville, sur la rive droite de l'Arroux, dans le quartier de La Genetoye (de premiers indices d'une occupation de la fin de l'époque gauloise viennent en effet d'être détectés que seules des fouilles complémentaires permettront peut-être de mieux caractériser). Là se développera, aux siècles suivants, un vaste complexe antique comprenant de nombreux édifices cultuels, mais aussi profanes (notamment un quartier artisanal). Le temple de Janus pourrait être la traduction en pierre à l'époque romaine d'un édifice cultuel laténien plus ancien (*fanum*).

**2
La porte d'Arroux (faubourg d'Arroux)**
Cette porte, traversée par l'actuelle route venant de Paris par Saulieu, portait le nom de porte de Sens. Ouvrant la ville vers le nord, c'est la mieux conservée des quatre portes romaines d'Autun. La partie inférieure est percée de deux grandes portes en plein cintre destinées aux véhicules et de deux portes latérales pour les piétons. Au-dessus règne un entablement complet (architrave, frise et corniche). La partie supérieure a conservé sept arcades sur dix. Les piédroits, presque aussi larges que les baies, sont ornés de pilastres corinthiens cannelés et rudentés. De récentes recherches ont démontré l'existence d'une cour intérieure quadrangulaire actuellement disparue : ce type de dispositif, bien connu en Italie ou dans le sud de la Gaule, créait un sas entre ville et campagne permettant le contrôle des personnes et des marchandises. Sur la foi de la stylistique, les chercheurs restent partagés entre une datation médio-augustéenne (entre 15 av. J.-C. et le changement d'ère) et une datation tardo-augustéenne (entre le changement d'ère et 15 apr. J.-C.).

**3
La porte Saint-André (rue de Gaillon)**
Également appelée porte de Langres, elle ouvre la ville vers l'est. Restaurée par Eugène Viollet-le-Duc, elle offre, côté campagne, une façade dotée de deux avant-corps saillants (passages piétons). Dans la partie supérieure, la galerie, complète des deux côtés, comporte une série de dix arcades étroites ; les piédroits sont ornés de pilastres et de chapiteaux composites. Sur son côté nord-ouest, cette porte est flanquée d'une de ses tours primitives, réduite en hauteur et réaménagée en chapelle (actuel temple protestant). On ne sait pas s'il existait une cour intérieure à l'instar de la porte d'Arroux.